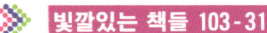
빛깔있는 책들 103-31

송광사
Songgwangsa

글/강건기, 김성우, 권희경 ● 사진/김종섭, 김성우, 안장헌

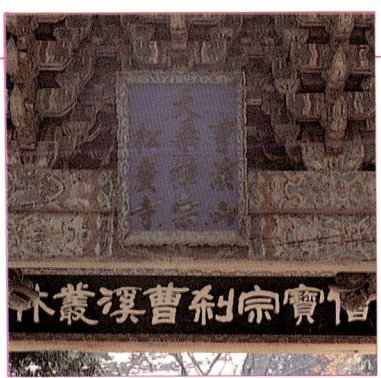

대원사

연혁-강건기 ─────────────

동국대학교 불교학과를 졸업하고 방콕에 가서 남방불교를 연구했다. 미국 뉴욕대학에서 종교학 석사 과정을 수료하고 동대학에서 철학박사 학위를 취득했다. 현재 전북대학교 철학과 교수로 재직중이며, 전북 불교대학장으로 있다. 저서로는「불교와 기독교」「마음 닦는 길」「붓다의 메아리」등이 있고 '지눌의 돈오점수 사상' '기도와 마음 수행'등 다수의 논문이 있다.

건축-김성우 ─────────────

연세대학교 건축학과를 졸업하고 펜실베이니아 대학교 건축 및 도시계획 석사, 미시간 대학교 건축 및 미술사학 박사 학위를 취득했다. 현재 연세대학교 건축공학과 교수로 재직중이다. 저서로는「성주 한개마을」「괴산 김기웅 가옥」이 있으며 역서로「원야」가 있다.

                    ─────────────

유물-권희경

경북대학교 문리과대학 철학과를 졸업하고 일본 구주대학 대학원 미학미술사 전공, 문학박사 학위를 취득했다. 경북대학교 박물관 전임 강사를 거쳐 현재 대구효성가톨릭대학교 미술대학 미술학부 예술학 전공 교수로 재직중이다. 주요 저서로는「고려의 사경」을 비롯하여 '고려 사경의 발원문에 관한 연구(1, 2)' '변상화에 관한 연구' '만주 속의 한국 미술'등 다수의 논문이 있다.

사진-김종섭(사진작가), 김성우(연세대학교 건축공학과 교수), 안장헌(사진작가)

빛깔있는 책들 103-31

송광사

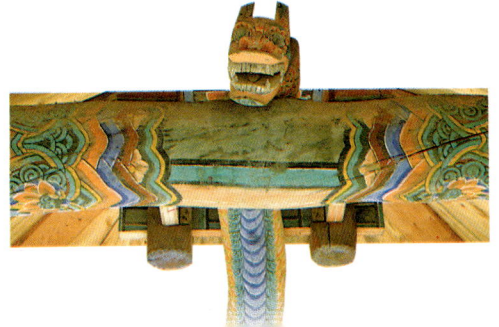

송광사

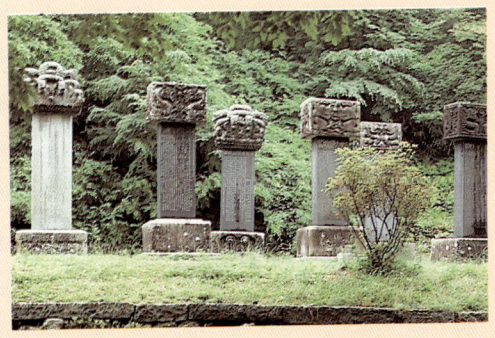

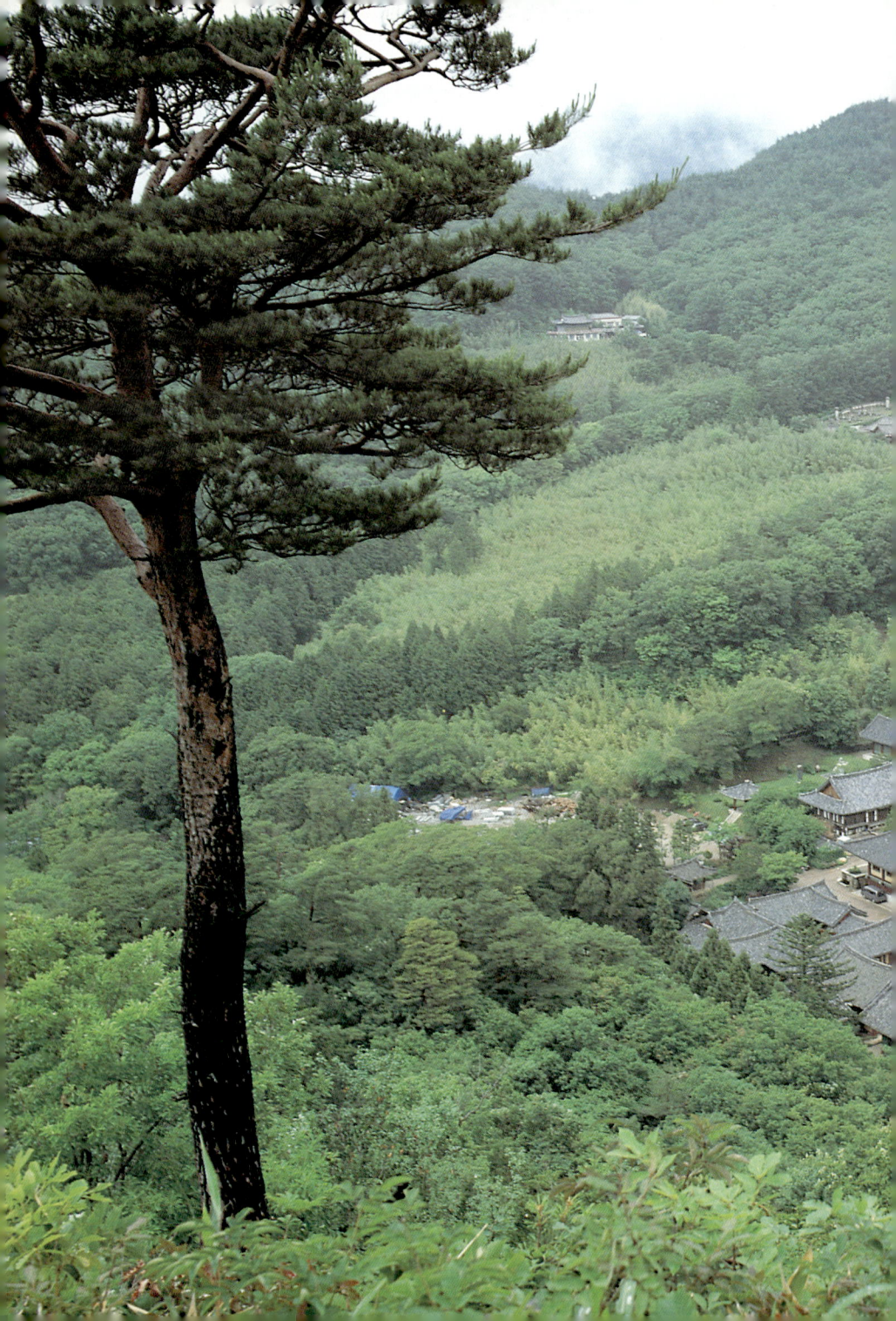

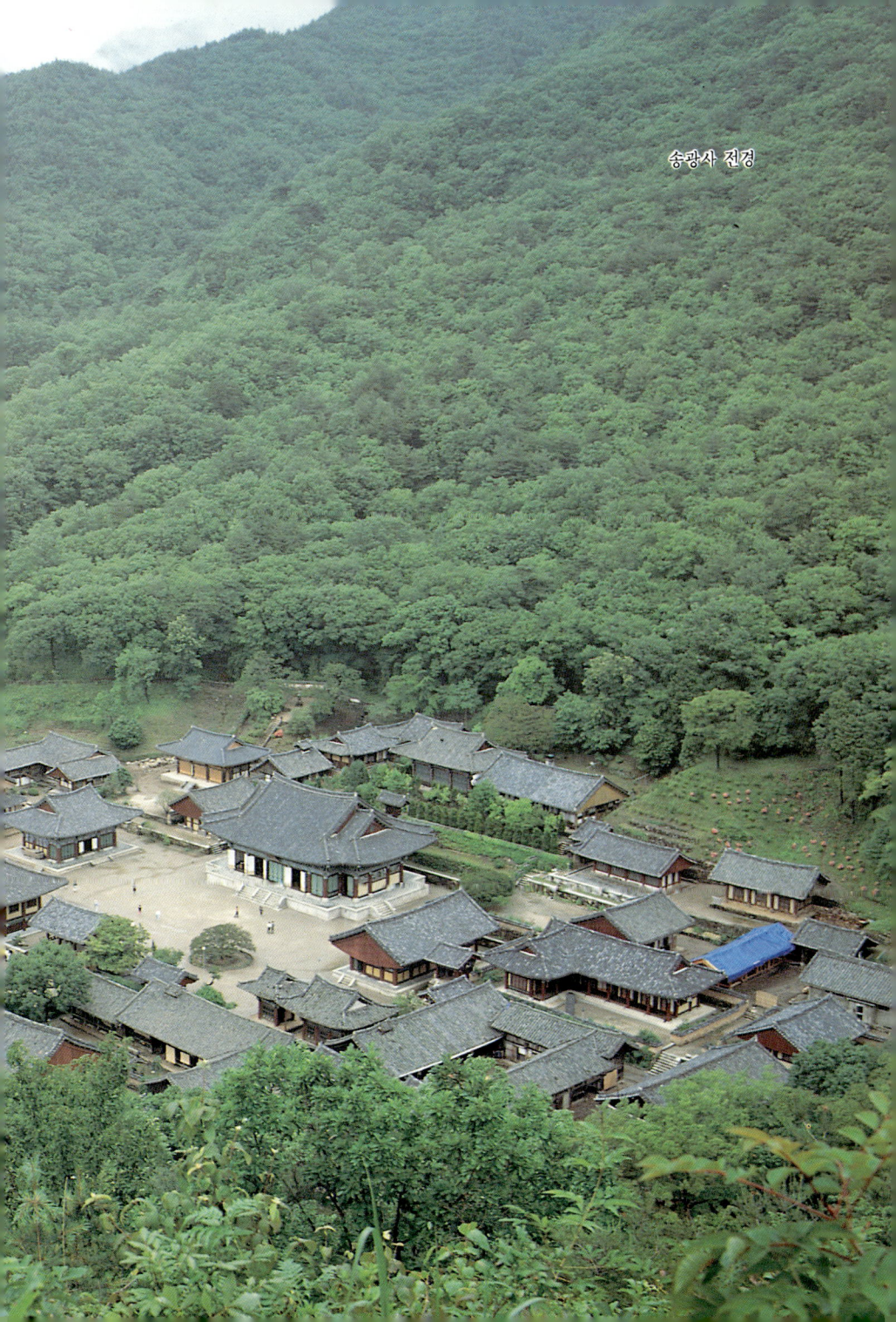
송광사 전경

송광사의 정신 및
한국 불교에서의 위치

승보 종찰(僧寶宗刹)

이 세상에서 가장 값지고 보배로운 것은 무엇일까? 우리는 흔히 금은 보석, 새로운 물건, 돈 또는 명예 같은 외적인 것들을 연상하기가 쉽다. 그러므로 실제 우리들 삶은 그런 것들을 좇아 밖으로 밖으로 치닫고 있지 않은가.

불교에서는 참으로 귀하고 값진 보배로 세 가지를 들고 있다. 그래서 삼보(三寶)라고 한다. 그 세 가지는 부처님(佛), 가르침(法), 승가(僧)이다. 불교인의 신앙은 바로 이 세 가지 보배를 값지고 귀한 것으로 알고 그에 귀의해 가는 것이다.

부처님은 진리에 눈뜬 사람으로 2600년 전 인도에서 태어나셨던 석가모니 부처님을 먼저 생각할 수 있다. 그리고 가르침은 부처님께서 깨친 다음 우리를 위해 설하셨던 내용으로 오늘날 팔만대장경이란 이름으로 전해지고 있다. 끝으로 승가는 스님들과 신도들로 구성된 신앙 공동체를 가리킨다. 실로 부처님의 가르침은 승가를 통해 오늘날까지 면면히 전승되어 오고 있다.

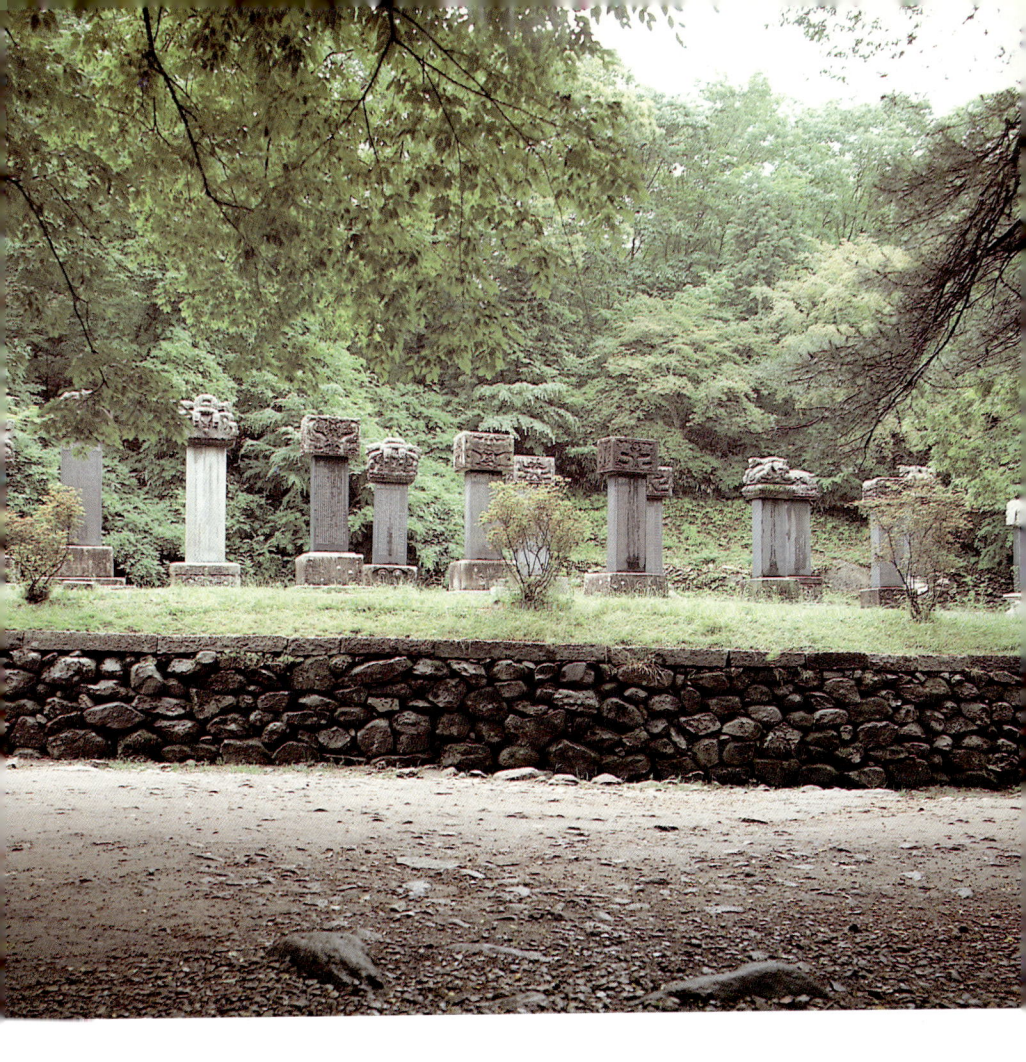

비림(碑林)의 비석들 송광사는 보조 국사를 비롯한 큰스님들에 의해 한국 불교의 전통을 확립하여 오늘날까지 그 맥을 잇고 있는 승보 사찰로서, 큰스님들이 남기신 많은 사연들이 비석들에 새겨져 있다.

이렇게 보면 부처님은 진리의 길을 먼저 걸어 깨치셨던 분으로
그 길을 우리들에게 친절히 가리켜 주시는 길잡이(導師)요, 가르침
은 그 길을 표시하고 있는 지도나 이정표와 같고, 승가는 진리의
길을 함께 걷는 길동무들의 모임이라 할 수 있다.

　　그러나 세 가지 보배인 삼보는 거기에서 그치지 않고 더욱 내면화
되어 바로 우리들이 본래부터 갖추고 있는 참마음을 가리킨다. 원효
스님께서도 "돌아가는 바 그 하나인 마음(一心)이 바로 삼보인 것이
다"라고 확언하고 계신다. 곧 우리들 본래의 마음이 다름아닌 부처
요 진리며 승가라는 것이다.

　　부처님, 가르침, 승가를 가장 귀한 보배라고 한 까닭은 무엇일까?
그것을 통해서 우리는 영원한 세계, 진리의 세계에 다다를 수 있으
며 우리들 존재의 원천인 본래의 나, 참 나에 돌아갈 수 있기 때문이
다. 그래서 값이 없는 보배요 천하와도 바꿀 수 없는 귀한 것이다.

　　불교의 신앙은 바로 그 보배를 향해 가는 것이다. 부처님께 귀의
합니다, 가르침에 귀의합니다, 승가에 귀의합니다 하는 이른바 삼귀
의(三歸依)가 바로 그것이다. 이 세상 어떤 것보다도 보배롭고 소중
한 세 가지 보배를 향해 내 모든 것을 다하겠습니다 하는 의지의
표현이 삼귀의인 것이다. 따라서 삼보에 귀의하겠습니다 하는 말은
나는 "이렇게 살겠습니다" 하는 삶의 방향과 목표를 고백하는 서원
이요 다짐이다.

　　이처럼 부처님, 가르침, 승가야말로 불교를 받치는 세 기둥이요
불교를 불교이게 하는 세 가지 요소이다. 그래서 한국 불교에는
일찍부터 세 가지 보배를 가리키는 삼대 사찰이 있고 이를 삼보
사찰(三寶寺刹)이라고 한다. 곧 양산의 통도사, 합천의 해인사 그리
고 순천의 송광사가 그들이다.

　　통도사에는 부처님의 진신사리가 모셔져 있기 때문에 불보 사찰
(佛寶寺刹), 해인사에는 부처님의 가르침인 팔만대장경의 경판이

모셔져 있기 때문에 법보 사찰(法寶寺刹), 그리고 송광사는 한국 불교의 승맥(僧脈)을 잇고 있기 때문에 승보 사찰(僧寶寺刹)이라고 한다.

송광사가 한국 불교의 승맥을 이었다는 말은 무엇을 뜻하는가? 그것은 두 가지 사실에 연유한다. 첫째는 지금으로부터 800여 년 전 고려 때 보조 국사 지눌(普照國師 知訥) 스님께서 정혜결사(定慧結社)를 통해 당시 타락한 고려 불교를 바로잡아 한국 불교의 새로운 전통을 확립하였는데 그 근본 도량(道場)이 바로 송광사였다. 다른 하나는 지눌 스님의 뒤를 이어 송광사에서 열다섯 명의 국사(國師)들이 출현하여 지눌과 함께 모두 열여섯 명의 국사(十六國師)가 나와 한국 불교의 전통을 면면히 계승하여 오늘에 이르고 있기 때문이다. 송광사야말로 한국 불교 전통의 산실이요 또 그 전통을 잇고 있는 중요한 사찰이다.

이러한 송광사의 정신을 이해하기 위하여 우리는 지눌 스님의 삶과 썩은 고려 불교를 바로잡아 새로운 한국 불교의 전통을 이룩한 정혜결사 운동의 내용과 정신을 살펴볼 필요가 있다.

보조 국사 지눌의 삶

한 사람의 삶이 어떠했는가는 그 사람의 마지막 모습을 보면 알 수 있다고 한다. 삶의 총결산이 죽음이기 때문에 나온 말이겠다. 실로 역사적으로 위대한 삶을 살았던 분들은 위대한 죽음을 한 분들이다. 부처님의 경우가 그렇고 소크라테스의 경우가 그러하며 예수의 죽음이 또한 예외가 아니다.

보조 스님 지눌의 마지막 모습 또한 인상적이다. 스님의 생애를 전하는 비석의 글(佛日普照國師碑銘)에 의하면 스님께서는 돌아가시

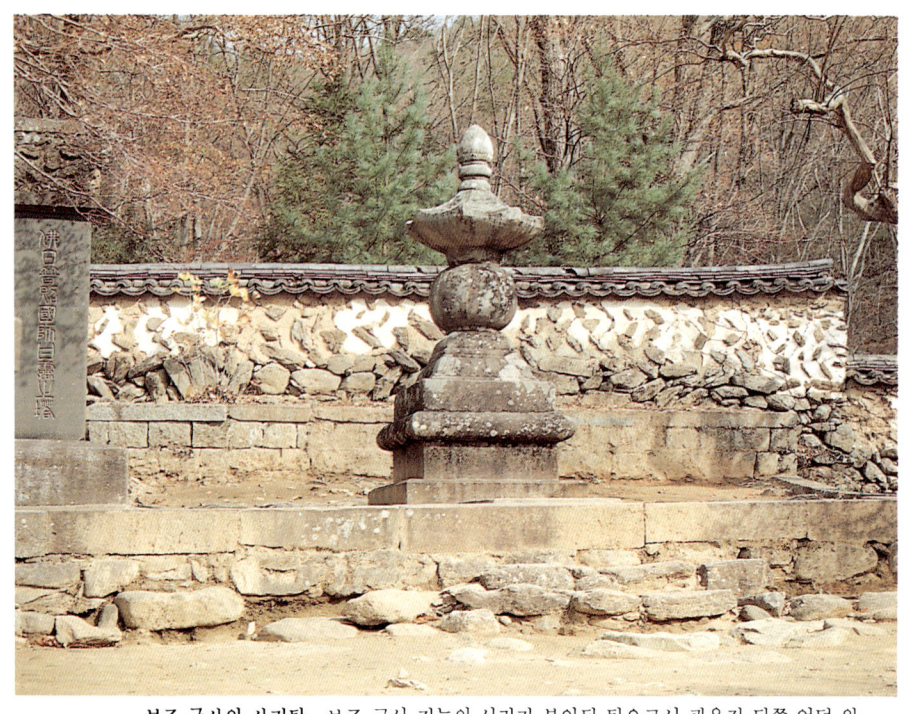

보조 국사의 사리탑　보조 국사 지눌의 사리가 봉안된 탑으로서 관음전 뒤쪽 언덕 위
양지바른 곳에 자리하고 있다.

기 한 달쯤 전에 "내가 이 세상에 있으면서 법을 설하는 것도 오래
지 않을 것"이라며 제자들에게 각자 노력할 것을 당부하셨다. 돌아
가시기 전날 밤에도 제자들과 밤이 이슥하도록 진리의 말씀을 나누
셨다. 이윽고 날이 밝자 큰북을 쳐 송광사 안의 대중들을 법당에
모이게 했다. 육환장을 들고 법상에 앉아 제자들과 마지막으로 진리
의 대담을 나누셨다. 제자들이 물으면 그에 대해 자상하게 답을
하셨다. 최후로 한 제자가 "스님의 병환이 저 유마 거사의 병과
같습니까, 다릅니까?"라고 물었다. 이에 스님께서는 들고 계시던

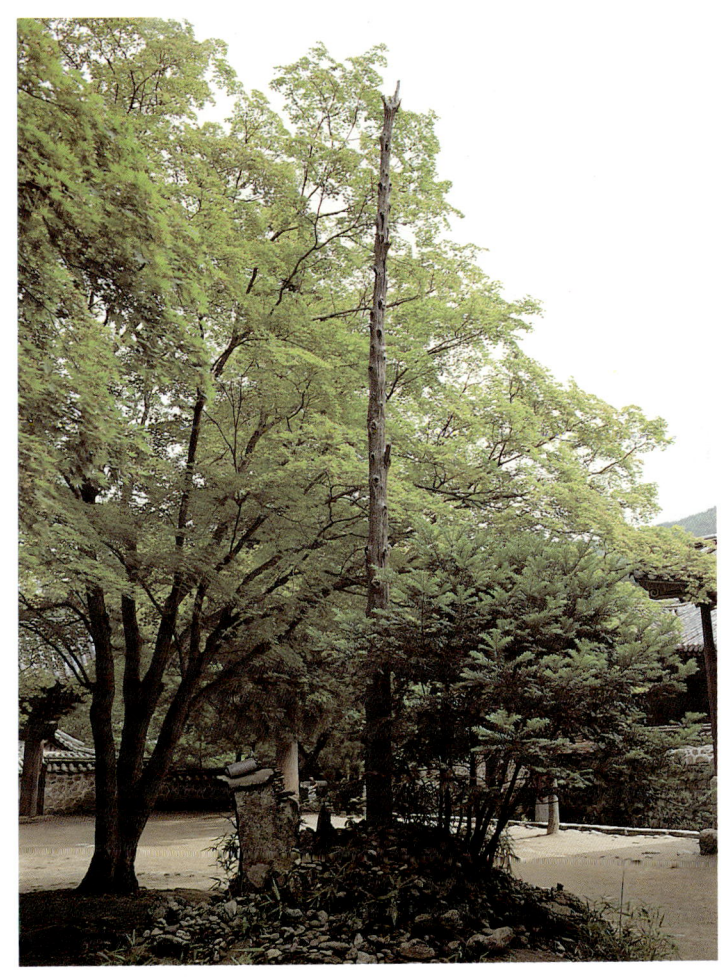

보조 국사의 지팡이 보조 국사가 짚고 다니던 지팡이를 이곳에 꽂았는데 그 나무가
자라났다고 하며, 스님이 돌아가시던 날 이 나무도 시들해지더니 결국 죽었다고 한
다.

육환장으로 법상을 쾅쾅 하고 두어 번 내리치신 다음 "일체의 모든 진리가 이 가운데 있느니라" 하고는 육환장을 들고 법상에 앉으신 채 조용히 열반에 드셨다. 이때가 1210년 3월 27일(음) 제자들이 향을 피우고 등을 달아 공양하기 이레가 되었으나 안색은 살아계실 때와 같고 수염과 머리털도 조금씩 자랐다고 한다.

불교에는 죽었다는 말을 가리키는 말로 선서(善逝) 곧 '잘 갔다'라는 말이 있다. 스님의 마지막은 문자 그대로 '잘 가신' 예이다. 가시는 순간까지 진리를 보이시다 가셨기 때문이다. 진리 속에 사시다 진리 속에 가신 우리의 영원한 스승이 보조 국사 지눌이시다.

그렇게 가신 스님께서는 어떤 삶을 사셨을까? 스님의 삶을 기리는 비석에 쓰인 글에는 '소 걸음 호랑이 눈(牛行虎視)'이란 말이 있다. 스님의 삶을 잘 표현하는 말이라고 생각된다.

'소 걸음 호랑이 눈'의 삶이란 어떤 삶을 가리킬까? 그것은 현실에 대한 날카로운 통찰과 직시로 생의 목표를 바르게 세우고 그의 실현을 위해 묵묵히 실천해 가는 삶을 가리킨다. 호랑이는 무엇을 볼 때 옆으로 흘겨보거나 고개만 돌려 보는 것이 아니라 몸 전체를 돌려 정면으로 쏘아본다고 한다. 그런 직시를 통해 무엇을 할까 하는 바른 판단이 서게 된다. 곧 '호랑이 눈'은 내가 선 자리에 대한 통찰을 통해 무엇을 할까 하는 목표의 정립을 가리킨다. 그에 비해 '소 걸음'은 실천의 발을 가리킨다. 육중한 체중을 싣고 뚜벅뚜벅 걷는 소의 걸음걸이를 보라. 결코 서두르지 않고 그렇다고 게으름 피우지도 않는 그 걸음에서 우리는 목표를 향하여 꾸준히 한걸음 한걸음 정진해 가는 실천의 모습을 보게 된다.

따라서 '소 걸음 호랑이 눈'의 삶이란 현실에 대한 통찰로 생의 목표를 분명히 세우고 그의 실현을 위해 쉬지 않고 노력해 가는 삶의 자세를 가리킨다. 그러면 구체적으로 지눌 스님께서는 어떤 '소 걸음 호랑이 눈'의 삶을 사셨던가? 곧 호랑이 눈의 통찰에 비친 지눌 당시의 현실은 어떠했으며 그는 또 어떤 목표를 세우고 어떻게 실천해 갔던가?

스님은 고려 의종(毅宗) 12년(1158) 황해도 서흥군에서 아버지 정광우(鄭光遇)와 어머니 조(趙)씨 부인 사이에 태어났다. 어릴 때부터 병이 많아 약을 써도 소용이 없었는데 부모가 "병이 나으면 출가시키겠다" 하고 부처님께 기원을 했더니 병이 이내 나았다고 한다. 그래서 그는 어려서 선종 계통의 종휘(宗暉) 선사로부터 머리를 깎고 출가하여 스님이 되었다. 그는 스스로의 호를 목우자(牧牛子) 곧 소치는 사람이라고 하였다.

스님이 사셨던 12세기의 고려 불교는 한마디로 타락된 모습이었다. 밖으로 불교가 정치적 혼동 속에 휩쓸려 승려의 기강이 흐트러지고 안으로는 선(禪)과 교(敎)가 서로 대립하여 갈등을 일으키고 있었다. 당시의 상황을 스님은 이렇게 그리고 있다.

"그러나 우리들의 일상 소행을 돌이켜보면 어떠한가? 불법을 빙자하여 나와 남을 가리면서 이기적인 일에 구차스럽고 풍진 속에 빠져 도와 덕은 닦지 않고 옷과 밥만 축을 내니 비록 출가했다고 한들 무슨 득이 있겠는가.

아아, 삼계를 떠나려 하면서도 속세를 벗어날 수행이 없으니 다만 사내의 몸을 받았을 뿐 장부의 뜻이 없도다. 위로는 도를 넓히는 일에 어긋나고 아래로는 중생을 이롭게 하지 못하며 중간으로는 네 가지 은혜를 저버렸으니 실로 부끄러운 일이다."

젊은 지눌은 이러한 고려 불교의 실상을 '호랑이 눈'으로 통찰하였고 고뇌하였다.

드디어 그는 타락한 고려 불교를 바로잡아 정법을 바로 세우기로 결의한다. 그것이 타락한 불교를 일신하려는 정혜결사 운동이다. 스님은 25세에 당시 출세의 관문인 승려 과거(僧選)에 합격하였다. 그러나 그는 출세의 길과는 달리 동지 10여 명과 더불어 고려

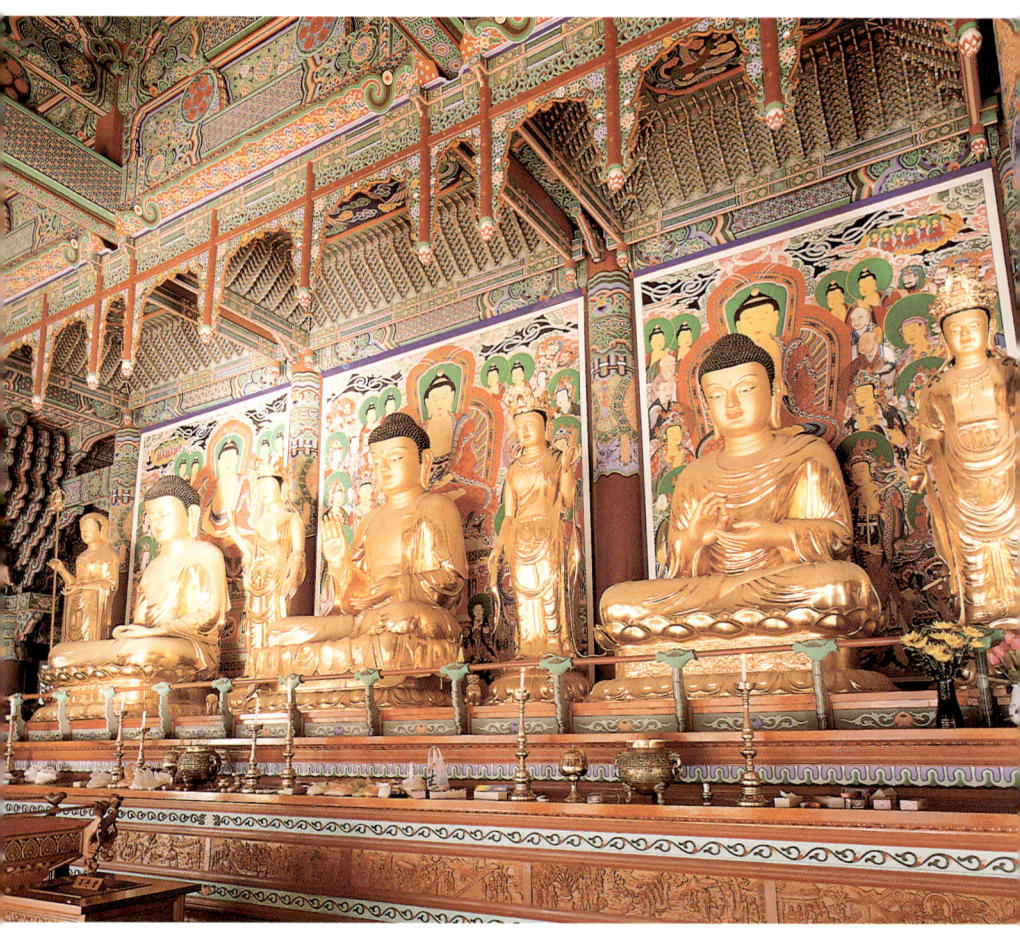

대웅보전 안의 불상들 닫집으로 장엄한 불단 위에는 과거의 연등불, 현세의 석가모니
불, 미래의 미륵불의 삼세불과 지장, 관음, 문수, 보현보살의 네 분 보살을 모셨다.

불교를 정법 불교로 바로잡는 정혜결사를 맹약하였다. '호랑이 눈'의 통찰을 통하여 정혜결사라는 목표가 확립된 것이다. 남은 것은 오직 '소 걸음'의 실천일 뿐이다.

젊은 지눌 스님은 당시 서울인 개경을 등지고 남쪽으로 내려와 전남 창평의 청원사(淸源寺)에서 정진을 계속한다. 그곳에서 「육조단경」을 통해 진리의 샘물을 직접 마시게 된다. 그런 다음 경상북도 예천의 하가산 보문사(普門寺)에서 3년 동안 '대장경'을 읽는다. 선승이 대장경을 읽는 일은 당시로서는 흔치 않은 일이다. 지눌이 대장경을 읽게 된 까닭은 무엇일까? 그것은 선과 교가 서로 일치되는 증거를 부처님 말씀을 통해 직접 확인하기 위해서였다.

드디어 그는 「화엄경」에서 그 일치점을 찾아 낸다. 지눌은 감격하여 경책을 머리에 이고 방안을 돌면서 눈물을 흘렸다고 한다. 선·교 사이의 갈등에 대하여 그가 얼마나 고뇌하였으며 그 일치점을 찾기 위해 얼마나 진지하게 노력했는가를 잘 보여 준다. 그는 드디어 "선은 부처님의 마음이요 교는 부처님의 말씀"이라고 결론을 내린다. 따라서 부처님의 마음과 말씀인 선과 교는 손바닥의 안과 밖처럼 분리될 수 없는 하나인 것이다. 이 체험을 통한 결론은 선과 교를 아우르는 정혜결사의 중요한 초석이 된다.

나이 33세 때에 팔공산 거조사(居祖寺)에서 8년 전에 결의한 정혜결사를 본격적으로 실천에 옮기게 된다. 결사 운동의 취지로 '성혜결사문(定慧結社文)'을 반포하여 뜻있는 사람들의 동참을 호소하였다. 이로써 한국 불교 최초의 체계적인 결사 운동이 힘찬 첫걸음을 내디딘 것이다. 스님은 물론 재가의 불자, 심지어는 유교, 도가의 사람들도 많이 동참했다고 한다.

많은 사람들을 수용하기 위하여 좀더 넓은 도량이 필요하였다. 여기저기 알아본 결과 현재의 송광사 자리가 눈에 띄었다. 당시 그곳은 신라 말 혜린 선사가 창건한 길상사(吉祥寺)가 폐허 직전에 있었다. 그러나 도량이 넓고 훌륭하여 결사 운동을 위해서는 더없이 좋은 곳이었다. 스님은 정혜결사를 그곳으로 옮기기로 하였다.

한편 그는 지리산 상무주암(上無住庵)에서 마지막 깨침을 향한 정진에 들어간다. 대혜(大慧) 스님의 어록을 읽다가 "선은 고요한 곳에 있는 것도 아니요, 시끄러운 곳에 있는 것도 아니라"는 대목에서 큰 깨침을 얻었다.

드디어 그는 송광산(松廣山) 길상사로 옮겼다. 그때가 1200년, 그의 나이 43세 때였다. 정혜결사도 그대로 옮겼으나 인근에 정혜사(定慧寺)라는 절이 있어 혼동되므로 수선사(修禪社)라고 고쳐 불렀다. 그러나 고려 불교를 일신하여 정법을 바로잡으려는 본래의 취지와 하는 일에는 다름이 없었다. 산과 절 이름도 송광산 길상사에서 조계산 송광사로 바꾸어 오늘에 이르고 있다.

그곳에서 그는 생을 마칠 때까지 정혜결사 운동의 완성을 위하여 '소 걸음'의 실천으로 일관하였다. 그런 결과로 그는 독특한 목우가풍(牧牛家風)을 확립하였으니 새로운 한국 불교 전통의 정립이다. 이러한 전통은 오늘날 한국 불교 조계종의 연원이 되었다. 그러면 지눌 스님께서 확립한 한국 불교의 새로운 전통은 어떠한 것일까? 이를 알기 위하여 우리는 정혜결사의 정신과 내용을 알아볼 필요가 있다.

정혜결사의 정신

불교의 결사(結社) 운동은 새로워지려는 몸짓이다. 지눌의 정혜결사 또한 부처님의 바른 가르침과 멀어진 고려 불교를 바로잡고 새롭게 하려는 운동이었다.

그는 어떤 정신으로 정혜결사를 펼쳐 나갔던가? 스님은 당시 고려 불교가 종교 본연의 모습을 잃게 된 것은 불교인들이 가장 기본적인 실천인 마음 닦는 일(修心)을 게을리 하기 때문이라고 진단하였다. 마음 닦는 일을 제대로 하지 않기 때문에 스님들이 현실 문제에 휩쓸리어 타락하고 또 선과 교의 불화와 갈등도 실제 마음을 닦지 않기 때문에 일어난다는 것이다.

따라서 스님은 무엇보다도 모든 사람들이 마음 닦는 불교를 정립해야 된다고 믿었다. 그 자신 정혜결사를 약속한 다음 당시 서울을 등지고 마음 닦는 일에 정진한 것도 이러한 배경에서 이해될 수 있다. 실로 정혜결사는 부처님의 바른 법을 곧추세우는 정법결사(正法結社)요 마음 닦는 수심결사(修心結社)라 할 수 있다.

비사리 구시   대중들의 밥을 담았던 것으로 전해진다.

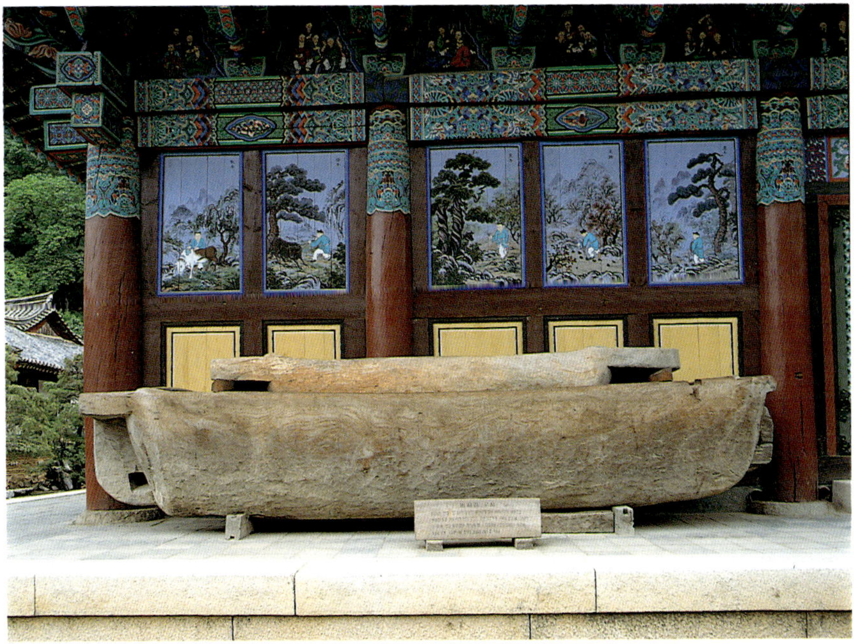

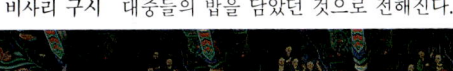

그러면 마음 닦는 결사의 기본은 어디에 있었을까? 그것은 마음 닦는 일의 기본과 다르지 않다. 첫째로 지눌은 마음이 바로 부처(心即佛)라는 기초 위에 있다. 곧 부처가 멀리 밖에 있는 어떤 것이 아니라, 우리들이 앞앞이 갖추고 있는 본래의 마음 그 자체일 뿐이라는 것이다. 이는 인간의 능력과 가능성을 가장 높이 평가하는 선언이요 예찬이다.

마음이 부처, 정말일까? 이렇게 옹졸하기 짝이 없고 온갖 번뇌와 망상으로 들끓고 있는 이 마음이 부처라니? 도무지 실감이 나지 않는 것이 우리들의 솔직한 심정이다.

그러나 아무리 비좁고 어두운 번뇌 망상으로 들어 차 있는 우리들 마음이지만 본래의 바탕은 우주를 감싸고도 남을 만큼 크고 넓으며 항상 밝은 것이라고 한다. 마치 저 태양이 구름 속에 가려 있어도 밝음 자체는 변함이 없듯이. 그런 바탕을 너르고 밝게 쓰는 사람이 부처요 비좁고 어둡게 쓰고 사는 사람이 우리들 중생이다.

마음 닦는 일에 있어서 마음이 부처라는 것을 분명히 아는 일은 아주 중요하다. 왜냐하면 그렇지 못할 때 우리는 부처를 찾는다면서 밖으로만 치닫기 쉽기 때문이다. 부처를 찾으려면 어떻게 해야 할까? 송광사로 가야 할까, 해인사로 가야 할까? 지눌 스님은 절대로 밖에서 찾지 말라고 당부하신다. 부처는 형상 있는 어떤 대상이 아니라 우리들 존재의 바탕 그 자체이기 때문이다. 마음 밖에서 부처를 찾는 일을 마치 "모래를 쪄서 밥을 지으려는 것(蒸沙作飯)"과 같이 무모한 일이라고 지눌은 경고하고 있다.

둘째로, 마음이 부처라는 사실은 단순한 말이나 맹목적인 믿음이 아니라, 실제 체험을 통한 확신으로 확인되어야 한다. 그럴 때 마음 닦는 일은 더 이상 밖으로 헤매지 않게 된다. 지눌이 닦음에 앞서 깨침을 강조(頓悟漸修)하는 까닭도 여기에 있다. 여기서 깨침이란 본래 마음에 대한 눈뜸이요 마음이 부처라는 사실의 확인을 말한다.

셋째로, 선정과 지혜를 항상 함께 하는 일이 중요하다. 선정(禪定)이란 본래 마음을 '하나'되도록 집중하는 일로 산란한 마음을 다스리는 공부이며 지혜(智慧)는 마음을 환히 밝게 가지는 것으로 어두운 마음을 다스리는 공부이다. 그런데 지눌에 있어서 선정과 지혜는 우리 본래 마음의 비었으면서도 밝은 두 면을 가리킨다. 그러므로 한쪽으로 치우치지 않도록 항상 함께 해야 된다는 것이다. 정혜결사라는 이름도 선정과 지혜를 함께 닦는 결사라는 뜻이고 보면 그가 얼마나 선정과 지혜를 함께 닦는(定慧雙修) 것을 강조했는가를 알 수 있다. 그러나 선정과 지혜를 함께 닦되 생활의 질서인 바른 삶의 자세, 곧 계율의 실천을 또한 게을리 하지 않는다.

넷째로, 마음 닦는 일은 나와 남을 함께 이롭게 하는 실천이어야만 한다는 것이다. 부처님의 기본 가르침은 깨침과 더불어 일체의 모든 생명을 건지고 이롭게 하는 자비의 실천에 있다. 이 둘은 마치 새의 두 날개처럼 분리될 수 없다. 지눌은 이러한 불교의 가르침을 누구보다도 충실히 받들고 있다. 흔히 선의 수행이 마치 자기 완성에만 머무는 비좁은 실천으로 이해되기 쉬우나 지눌은 자기의 완성과 더불어 이웃의 완성을 위한 이타행(利他行)을 함께 실천해야만 된다고 강조하고 있다. 실제 마음을 닦는 실천은 남을 제도하려는 원을 세운 다음에 필요한 수행이라고까지 말하고 있다.

다섯째로, 지눌은 불교 안의 다양한 호름을 조화롭게 아우르는 회통적(會通的) 전통을 소중하게 여겼다. 그는 선종 출신의 스님이면서도 결코 종파나 문중의 입장에 서지 않았고 '오직 진리를 따랐을 뿐(惟道之從)'이었다. 선과 교가 대립 갈등하는 상황을 고뇌하였고, 어떻게 하면 그 둘이 하나로 만날 수 있을까를 진지하게 찾았다. 선승인 그가 대장경을 3년 동안이나 읽은 것은 그러한 고뇌와 노력을 잘 보여 준다. 그는 드디어 '선은 부처님의 마음이요 교는 부처님의 말씀'이라는 확신을 얻었고 그런 확신은 선·교를 하나로

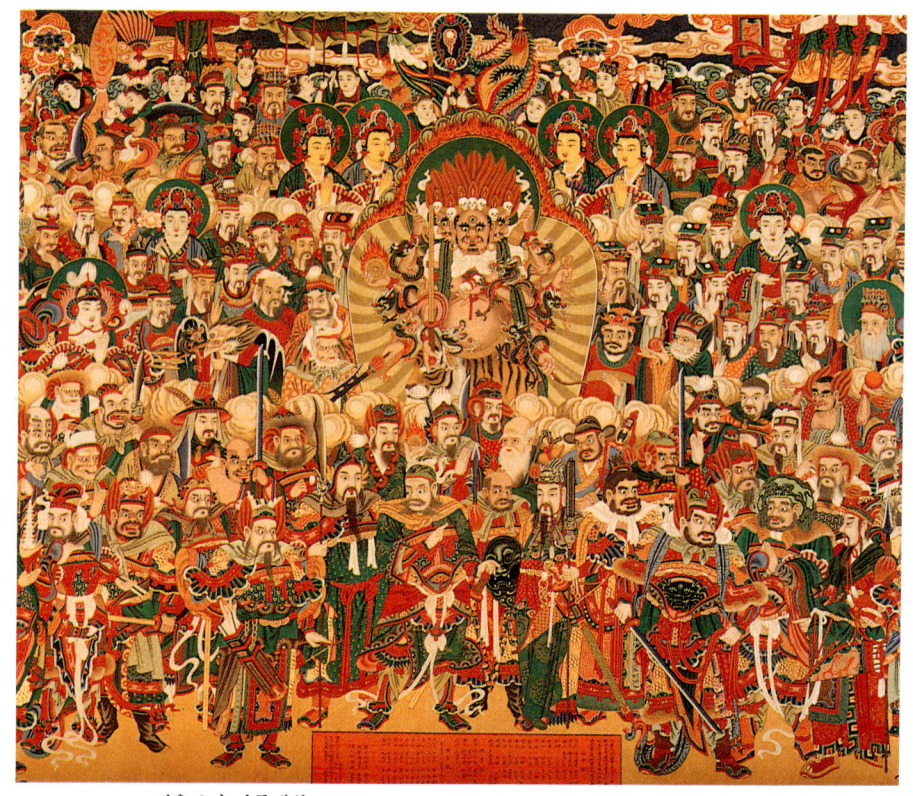

대웅보전 신중탱화(神衆幀畫)

아우르는 정혜결사의 기초가 되었다. 오늘의 한국 불교가 선과 교를 둘로 보지 않는 것도 이러한 전통에 연유한 것임을 우리는 알아야 하겠다.

뿐만 아니라 지눌은 당시까지 유행하던 이론과 사상들을 섭렵하고, 고려 불교의 병을 치유할 수 있는 훌륭한 점이 있으면 어떤 사람의 것이라도 취했고 그렇지 못한 것은 아무리 대가의 것이라도 서슴

없이 버렸다. 그래서 깨침과 닦음, 자리와 이타(自利利他), 선정과 지혜, 선과 교가 둘이 아닌 조화의 사상적 전통을 확립하였다. 이것은 외래 사상의 창의적 수용을 보여 주는 훌륭한 예이며 원효 이래 한국 불교의 큰별들이 쌓아 온 회통적 전통의 재확인이다.

끝으로, 그의 결사 운동은 여러 사람들의 능력과 소질을 존중하는 기본 위에 있다. 불교의 경전인 팔만대장경은 다양하기 그지없다. 아마 평생을 그것만 읽어도 다 읽기가 쉽지 않을 만큼 방대하다. 왜 그럴까? 왜 그렇게 다양한 가르침이 필요했을까? 그것은 중생의 능력과 소질이 각기 다르기 때문이다. 중학생에게는 중학생에 맞는 수준의 가르침이, 그리고 대학생에게는 대학생에 맞는 가르침을 설해야만 했다. 그러기에 팔만 사천의 가르침이 펼쳐진 것이다. 결국 그것들은 각기 '병에 따른 약'이었던 것이다. 이처럼 부처님의 가르침은 모든 사람에게 일률적인 것이 아니라 각자의 능력과 소질에 맞는 가르침(隨機說法)이다.

지눌에 있어서도 가르침을 필요로 하는 사람들의 능력과 소질에 맞는 길의 제시는 기본 원칙이다. 아무리 훌륭한 사상이나 가르침이라도 이해하지 못하거나 맞지 않는다면 무슨 소용이 있겠는가. 따라서 지눌이 제시하는 마음 닦는 길은 특정한 소수만을 위한 것이 아니라 모든 사람을 포용할 수 있는 폭넓은 것이요, 그러기에 그 길은 외길이 아니라 다양한 것이었다. 그는 언어나 문자를 통해서 공부해야 할 근기의 사람들을 위해서는 그에 맞는 수행을, 또 처음부터 언어나 문자의 장애를 뛰어넘은 사람들에게는 단도 직입적인 화두 공부를, 그리고 선의 수행이 어려운 사람들에게는 염불이나 주력의 공부도 나쁘지 않다고 하였다.

정혜결사를 통하여 지눌은 고려 불교를 새롭게 하였으며, 그러한 정혜결사의 정신은 한국 불교의 굳건한 전통이 되어 오늘날까지 면면히 전승되고 있다.

근래 보조 사상에 관한 관심은 범세계적으로 확산되고 있다. 스님의 어록이 1983년 하와이 대학에서 영문으로 번역, 출간되었으며 (Robert Buswell *The Korean Approach to Zen : The Collected Works of Chinul*, University of Hawaii Press, 1983), 지금까지 외국 대학에서 스님의 사상을 주제로 나온 박사 학위 논문만 해도 5편이나 된다. 이처럼 세계는 지금 스님의 창의적 사상에 깊은 관심과 찬사를 보내고 있다. 우리는 스님과 같은 선인이 이 땅에 계셨었다는 사실을 자랑스럽게 알아야 할 것이다.

전통의 계승

한국의 불교에는 불교의 여러 가지 흐름이 하나로 무르녹아 있을 뿐만 아니라, 수행면에 있어서도 단도 직입적으로 화두를 들어 깨쳐 들어가는 공부와 함께 부처님의 말씀을 따라 공부해 가는 다양한 실천이 함께 수용되고 있다.

이러한 한국 불교의 전통을 회통 불교 또는 통불교의 전통이라고 한다. 다양한 흐름과 실천이 하나로 모아지고 통해 있는 불교라는 말이다. 이러한 통불교적인 전통은 원효를 비롯한 많은 스님들의 한결같은 뜻이기도 하지만 보조 국사 지눌 스님으로부터 깊은 영향을 받고 있다.

지눌이 선과 교를 아우르는 것이나 선정과 지혜를 함께 닦아야 된다는 것, 그리고 각기 능력과 소질에 맞는 수행을 존중한 점 등 실로 정혜결사의 기본이 오늘의 한국 불교에 그대로 전승되고 있는 것이다. 이러한 깊은 영향은 지눌의 중요한 저술들이 오늘날까지 한국 불교 승려 교육의 필수 교재로 쓰이고 있으며(「계초심학인문」「법집별행록절요」) 또 수선사에서 중요시했던 교재들이 지금까

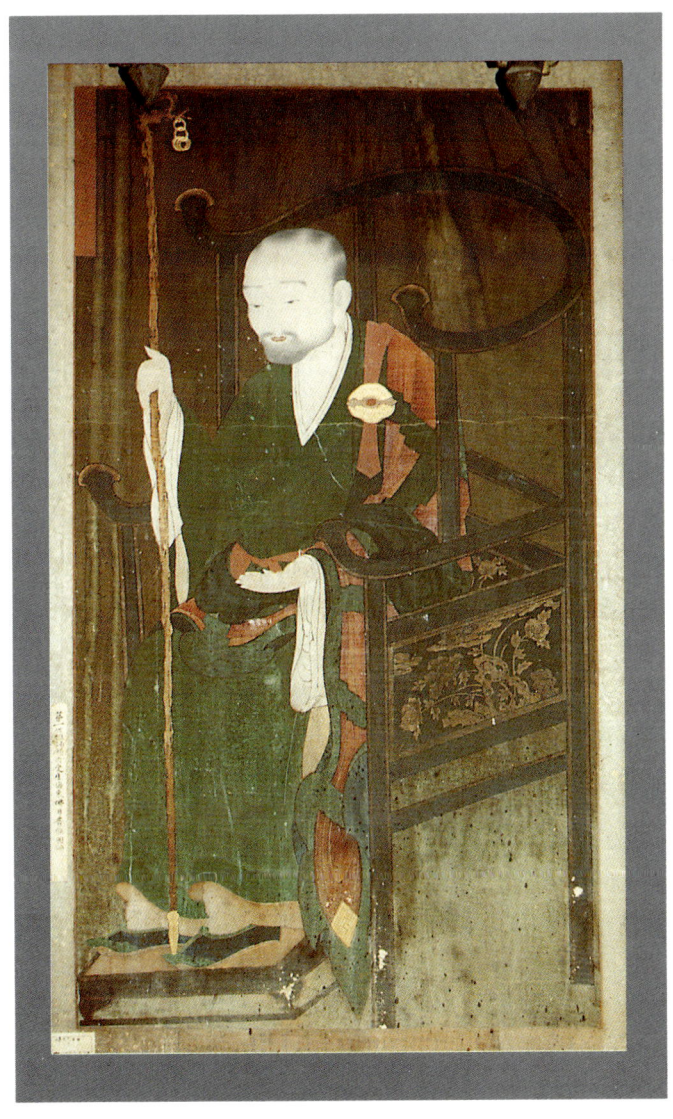

보조 국사 영정 국사전에 모셔져 있는 이 영정은 다른 열다섯 분과는 달리 영정 앞에
향로와 촛대가 놓여져 있고, 매년 3월에는 종제를 지낸다.

지 그대로 승려 교육의 골격을 이루고 있는 것을 통해서도 잘 알수 있다.

지눌 사상의 전승은 그의 뒤를 이어 송광사에서 나타난 큰별들에 의해 면면히 내려오고 있다. 그 큰별들이 어떤 분들일까? 그들은 지눌 이후 조선조 초기까지 기라성처럼 나타났던 열다섯 분의 국사(國師)들과 그들의 뒤를 이은 큰스님들을 가리킨다. 우리는 그들을 16국사, 조선조를 수놓았던 분들 그리고 현대에 나타났던 분들로 구분해 볼 수 있다.

16국사

보조 국사 지눌을 비롯한 이른바 16국사는 다음과 같다.

제1세:보조 국사 지눌(1158~1210년)

제2세:진각 국사 혜심(1178~1234년)

제3세:청진 국사 몽여(?~1252년)

제4세:진명 국사 혼원(1191~1271년)

제5세:원오 국사 천영(1215~1286년)

제6세:원감 국사 충지(1226~1292년)

제7세:자정 국사

제8세:자각 국사

제9세:담당 국사

제10세:혜감 국사 만항(1249~1319년)

제11세:자원 국사

제12세:혜각 국사

제13세:각진 국사 복구(1270~1355년)

제14세:정혜 국사

제15세:홍진 국사

제16세:고봉 법장(1350~1428년)

이들 16국사가 대를 이으면서 수선사의 전통을 계승한 것이 송광사가 승보 종찰의 영예를 안게 되는 초석이 되었다. 이들 16분의 영정은 지금도 송광사 국사전(國師殿)에 잘 모셔져 있다 (1995년에 13점을 절도 당함).

근세의 큰별들

16국사의 뒤를 이어 송광사의 전통을 이은 큰스님들로는 서산 대사 휴정과 쌍벽을 이룬 부휴 선수(浮休 善修)와 그의 제자들이 주류를 이루었다. 간략히 그들의 이름을 들어 보면 다음과 같다.

부휴 신수(1543 - 1615년)
취미 수초(1590∼1668년)
무용 수연(1651∼1719년)
영해 약탄(1668∼1754년)
풍암 세찰(1688∼1767년)
묵암 최눌(1717∼1790년)

현대의 큰별들

현대에 이르러 지눌의 정혜결사 정신과 송광사의 전통을 계승하여 빛낸 큰별로 우리는 효봉(曉峰, 1888∼1966년) 스님을 빼놓을 수 없다. '판사 스님' '절구통 수좌' 등의 별명으로 유명한 스님께서는 송광사와 남다른 인연을 가졌다. 처음 송광사 어귀에 도착했을 때부터 한 번도 와 본 적이 없건만 "낯설지 않고 고향집같이 느껴졌다"고 한다. 아마도 숙연(宿緣)의 도량이었으리라. 효봉이라는 이름도 꿈속에서 16국사의 마지막 분인 고봉 화상께서 "이 도량을 빛내 달라"며 게송과 함께 주었다고 한다. 뿐만 아니라 지눌 스님을 흠모하고 그의 정신을 이어받기 위하여 스님께서는 스스로의 호를 '지눌을 배운다'는 뜻으로 학눌(學訥)이라 하였다고 한다. 지눌의 가풍에

얼마나 철저하려 했는가를 짐작케 한다. 스님은 10년 동안 송광사에 머물면서 계율과 선정, 지혜를 함께 닦는 이른바 정혜쌍수의 전통을 선양하며 많은 후학들을 길러 냈다.

효봉 스님의 법을 이은 구산(九山, 1909~1983년) 스님께서는 송광사에 조계총림(曹溪叢林)을 개설, 목우가풍을 선양할 터전을 굳게 하였다. 밖으로는 한국 불교 최초의 불일국제선원(佛日國際禪院)을 열어 한국 선을 국제화하는 데에 공헌하였으며 안으로는 전국적인 신도 조직인 불일회(佛日會)를 창립하여 발전의 기틀을 마련하였다.

구산 스님의 뒤를 이어 조계총림의 방장(方丈)으로 회광 승찬(廻光 僧讚) 스님께서 취임, 오늘에 이르고 있다. 스님께서는 손수 만든 '반야심경 노래' '오계의 노래' 등을 통해 대중 교화에도 남다른 관심을 보이고 있다.

송광사의 연혁

위치와 이름

송광사는 전라남도 승주군 송광면에 있는 조계산 자락에 새둥지처럼 아늑하게 자리잡고 있다. 송광(松廣)이라는 이름에는 몇 가지 전설이 있다. 그 첫째는 18명의 큰스님들이 나셔서 부처님의 가르침을 널리 펼 절이라는 전설이다. 곧 '송(松)'은 '十八(木)十公'을 가리키는 글자로 18명의 큰스님을 뜻하고, '광(廣)'은 불법을 널리 펴는 것을 가리켜서 18명의 큰스님들이 나서 불법을 크게 펼 절이라는 것이다.

다음으로는 보조 국사 지눌과 연관된 전설이다. 곧 스님께서 정혜결사를 옮기기 위해 터를 잡으실 때 모후산에서 나무로 깎은 솔개를 날렸더니 지금의 국사전 뒷등에 떨어져 앉더라는 것이다. 그래서 그 뒷등의 이름을 치락대(鴟落臺 ; 솔개가 내려앉은 대)라 불렀다 한다. 이 전설을 토대로 육당 최남선은 송광의 뜻을 솔갱이(솔개의 사투리)라 하여 송광사를 솔갱이 절이라 풀었다고 한다.

끝으로, 일찍부터 산에 소나무(솔갱이)가 많아 '솔메'라 불렀고

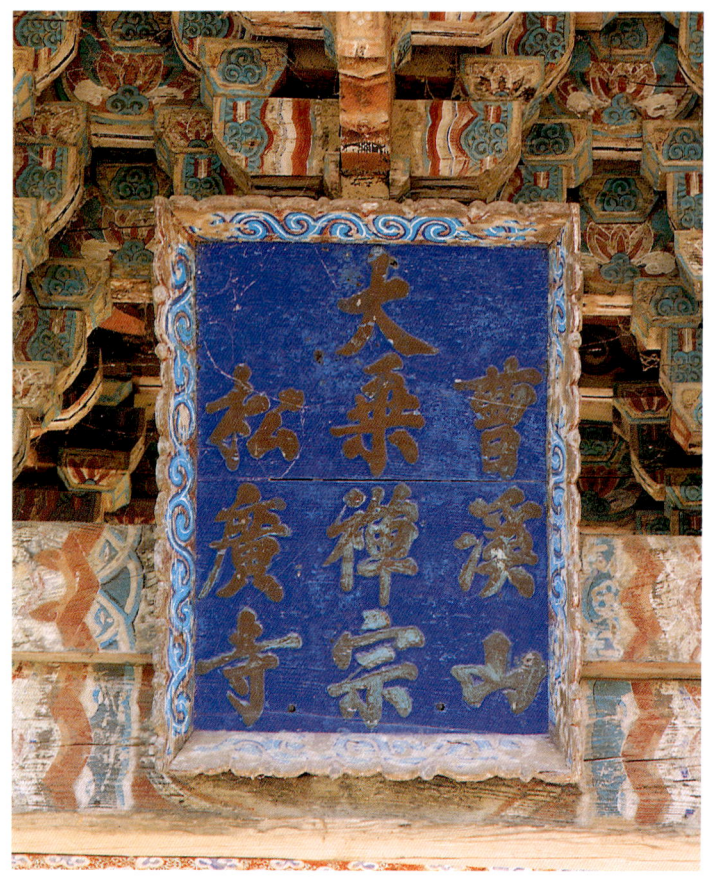

일주문 편액 '조계산 대승선종 송광사'라는 글씨가 사찰의 위치와 성격을 말해 준다.

그에 유래해서 송광산이라 했으며 산 이름이 절 이름으로 바뀌었다
고 한다.

 송광사의 주지를 역임하셨고 「송광사지」를 쓴 기산 임석진 스님
에 의하면 세번째 해설이 가장 옳다고 한다.

창건 및 중창의 발자취

창건

지금 남아 있는 기록에 의하면 송광사는 신라 말 혜린(慧璘) 선사에 의해 창건되었다고 한다. 창건 당시의 이름은 송광산 길상사(吉祥寺)였으며 100여 칸쯤 되는 절로 30, 40명의 스님들이 살 수 있는 그리 크지 않은 규모의 절이었다고 한다. 그 뒤 고려 인종 때 석조(釋照) 대사께서 절을 크게 확장하려는 원을 세우고 준비하던 중 타계하여 뜻을 이루지 못하였다.

제1차 중창

석조 대사 이후 50여 년 동안 버려지고 폐허화된 길상사가 새로운 규모로 중창되고 한국 불교의 중심으로 각광을 받게 된 것은 지눌의 정혜결사가 이곳으로 자리를 옮기면서부터이다.

지눌은 9년 동안의(명종 27년, 1197~희종 원년, 2004) 중창 불사로 절의 면모를 일신하고 정혜결사 운동에 동참하는 수많은 대중을 지도하여 한국 불교의 새로운 전통을 확립하였다. 드디어 송광사가 한국 불교의 중심으로서 각광을 받기 시작한 것이다.

앞에서도 말한 것처럼 거조사로부터 길상사로 정혜결사를 옮겨와 수선사로 이름을 바꾸었다. 가까운 곳에 정혜사라는 절이 있어 혼동을 피하기 위해서였다. 그리고 산 이름도 송광에서 조계로 바꾸었다. 뒤에 절 이름도 수선사에서 송광사로 불리게 되어 조계산 송광사로 되었다.

제2차 중창

지눌이 타계한 다음 그의 법을 이은 진각 혜심(眞覺 慧諶)은 수선사의 전통을 이어 선풍을 크게 진작시켰다. 이에 수많은 사람들이

모이게 되자 다시 절이 비좁게 되었다. 강종(康宗)이 이 소식을 듣고 명을 내리어 절을 크게 증축하였다.

제3차 중창

혜심 이후 180년이 지난 조선조 초 16국사의 마지막 분인 고봉 화상께서 원을 세워(1395년) 유서 깊은 도량을 중창하기 시작하였다. 고봉의 뜻을 계승하여 중인(中印) 선사께서 중창 불사를 완성하여 90여 칸의 증축을 하였다 한다.

제4차 중창

정유재란으로 침입한 왜군이 불을 질러 역사적 도량은 일시에 잿더미로 변하였다. 이에 응선(應禪) 화상께서 복구의 손을 대기 시작하였고 드디어 지리산에 계시던 부휴 대사를 모시어 불사를 완성했다고 한다. 이때 600여 명의 제자들이 송광사에서 부휴 대사의 지도로 공부했다고 한다.

제5차 중창

헌종 8년(1842)에 큰불이 나 대웅전을 비롯한 거의 모든 건물이 불타 버렸다. 정유재란 이후 두번째 겪는 수난이었다. 불이 난 이듬해부터 절을 일으켜 세우는 일이 시작되어 철종 7년(1856)까지 무려 14년의 시간이 걸려 2,150여 칸이 다시 세워졌다.

제6차 중창

5차 중창으로부터 70, 80년 뒤인 1922년에 주지 설월(雪月) 스님과 율암(栗庵) 스님에 의하여 1928년까지 퇴락한 건물들을 고치고 개와를 바꾸는 등 전반적인 중수가 있었다.

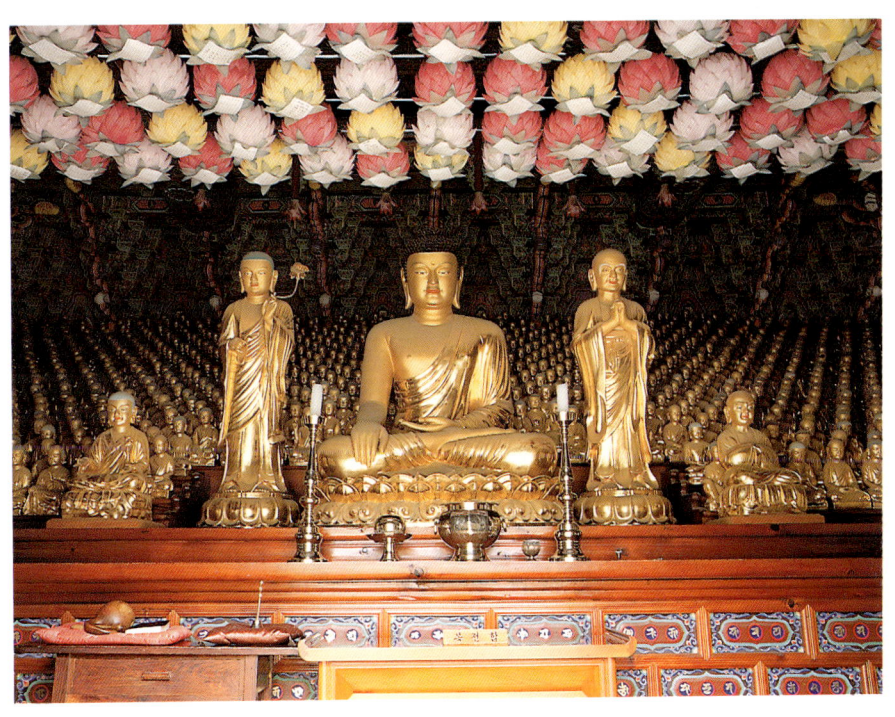

승보전 석가여래와 1,250비구들　승보전에는 부처님 당시의 1,250명 비구들을 한 교단
에 모셨다.

제7차 중창

1948년에 일어난 여순반란과 6·25 사변의 발발은 조계산 송광사 일대를 공비의 노략과 살육의 공포 속으로 몰아넣었다. 산중에 은신한 이들 공비를 토벌하기 위하여 국군 토벌대는 작전상 절 주변의 숲을 벌채하게 되었다. 이에 격분한 공비들이 1951년 2월 절을 지키던 노인들을 학살하고 5월에는 절에 불을 질러 대웅전 등 중심부를 태워 버렸다. 1955년부터 주지 금당(錦堂) 스님과 화주 취봉(翠峰) 스님의 원력으로 5년 동안에 걸쳐 대웅전을 비롯한 건물들을 복구하였다.

제8차 중창

1969년 조계총림이 발족하면서 방장 구산(九山) 스님께서는 승보종찰다운 도량을 가꾸어야 된다는 원을 세우고 그 일을 스님의 법을 잇는 현호(玄虎) 주지 스님께 부촉하였다. 이에 현호 스님께서는 1983년부터 1990년까지 8년여에 걸쳐 대웅전을 비롯하여 30여 동의 전각과 건물을 새로 짓고 중수하여 도량의 모습을 일신하고 승보 종찰로서의 위용을 갖추어 오늘에 이르고 있다.

8차 중창 불사와 아울러 특기할 것은 외적인 불사와 함께 내적인 불사, 건물 불사와 함께 사상 불사를 해야 한다는 뜻으로 1987년 보조 사상 연구원(원장:법정, 이사장:현호)을 발족하여 보조 사상 선양에 진력해 오고 있다는 사실이다. 그동안 보조 사상 연구원은 「보조전서」를 발간하고 매년 학술 회의를 개최하며 회지 「보조 사상」을 발간하고 있다. 이는 사찰에서는 처음 있는 일로 보조 사상, 목우가풍을 바르게 이해하고 정혜결사 정신을 오늘의 우리들 삶에 살리려는 훌륭한 노력이라 하겠다. 이러한 노력과 실천이 따르는 한 정혜결사의 창의적 전통은 내일의 한국 불교를 밝히는 등불로 다시 피어날 수 있으리라 기대해도 좋을 것이다.

송광사의 입지 및 배치

송광사의 입지

　송광사(松廣寺)가 자리잡고 있는 조계산(曹溪山)은 덕유산(德裕
山), 추월산(秋月山), 무등산(無等山) 등과 함께 호남의 명산 가운데
하나로서 소백산맥에서 갈라진 노령산맥이 한반도의 남서쪽을 돌아
다시 동북으로 휘감아 도는 곳에 있다. 송광면(松廣面), 주암면(住岩
面), 낙안면(樂安面)에 걸쳐 있는 해발 887미터의 이곳 조계산의
동쪽 기슭으로 신평천(新平川)을 앞에 두고 불교 조계종(曹溪宗)
의 총본산인 송광사가 위치한다. 최고봉인 연산봉(連山峰)과 기타
제봉들이 송광사 일대를 에워싸며 절경을 이루고 풍수적인 입지
역시 훌륭한 곳이다. 남쪽의 산계곡으로부터 신평천이 흘러와 사역
전체를 감싸며 북쪽으로 빠져 나가 주암호(住岩湖)에 이른다.
　사찰의 영역은 동쪽의 조계산 줄기를 뒤로 두고 서향하여 남북으
로 길게 뻗어 있다. 서향하고 있는 것이나 남북으로 길게 위치한
것이나 모두 한국의 전형적인 사찰 입지에서 흔한 예는 아니다.
그러나 송광사 주위의 자연 입지 조건으로 볼 때 물이 흐르고 산자

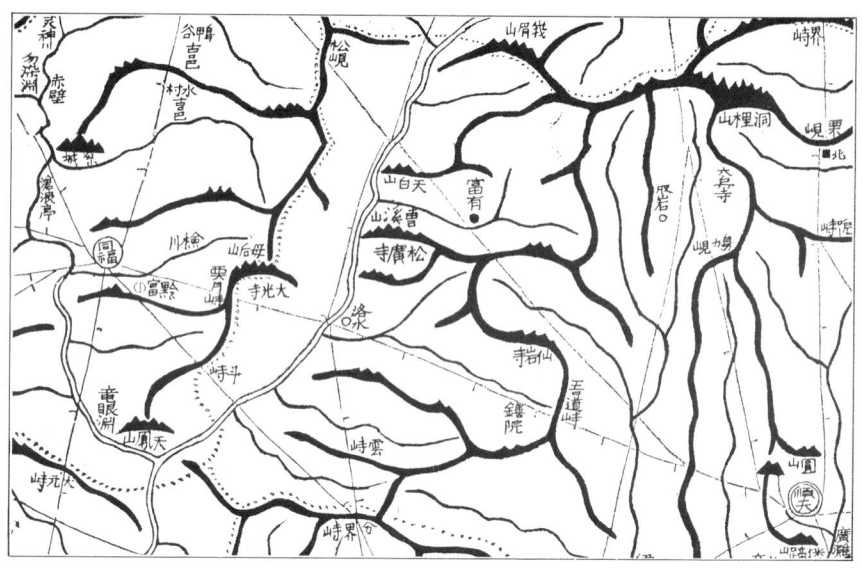

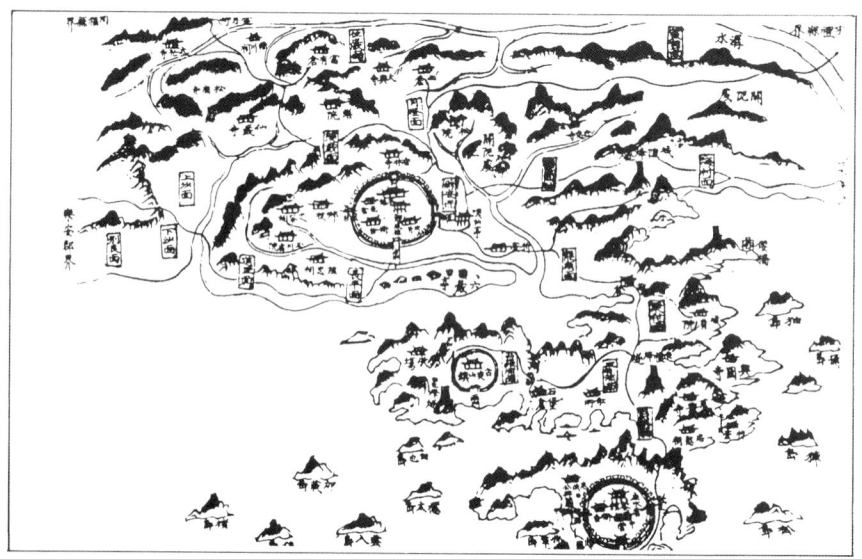

'대동여지도'에 나오는 송광사의 위치와 주변의 자연 지형(위)
'여지도서(輿地圖書)'에 나오는 순천부 지도(아래)

락이 열려 있는 서쪽을 향함으로써 남북의 산줄기가 좌우에서 사역을 감싸는 것을 고려한 풍수적 입지 결정 의도를 읽어 볼 수 있다. 그렇게 자리를 잡았을 때 사찰의 종축 방향보다 직교축인 남북 방향으로 공간적 여유가 생길 수밖에 없었던 것은 입지 조건에서 생기는 불가피한 결과이다. 송광사가 다른 사찰과 같이 일주문—천왕문 등의 진입 공간이 길지 못하고 중심 영역에 모여 있게 된 것은 이러한 입지 상황에서 우선 이해되어야 한다.

배치의 개념

현재 송광사의 건물 배치는 유난히 큰 대웅전(大雄殿) 앞의 마당을 중심으로 주변에 건물들이 많이 산재해 있으므로 일견 산만하게 보이기도 하며, 다른 사찰과 비교해 볼 때 조금 특이한 배치 유형을 보여 준다. 그러나 이러한 배치가 창건 당시부터의 배치 구조를 보여 주는 것은 아니며, 오랫동안 여러 번의 변화를 거쳐 오는 과정에서 현재의 상태에 이르게 되었다.

오직 자신의 몸과 마음을 닦는 수선(修禪)에만 열중하였던 보조 국사(普照國師) 지눌(知訥, 1158~1240년)이 지리산에서 대혜 선사(大慧禪師)의 어록(語錄)을 읽고 지혜의 눈을 뜬 뒤 옮겨온 곳이 이곳이었으며, 처음으로 화엄론(華嚴論)을 접하게 된 것도 이곳에서의 일이었다.

이와 같이 송광사는 선종(禪宗)에 바탕을 두고 화엄 사상(華嚴思想)을 접하였던 보조 국사의 사상에 근거하여 이루어진 사찰이므로 창건 당시부터의 배치 계획은 크게 두 가지 사상—선종과 화엄론—에 바탕을 두고 이루어진 것으로 이해할 수 있다. 따라서 송광사의 배치 구조를 이해하기 위해서는 선종 사찰로서의 배치 특성과

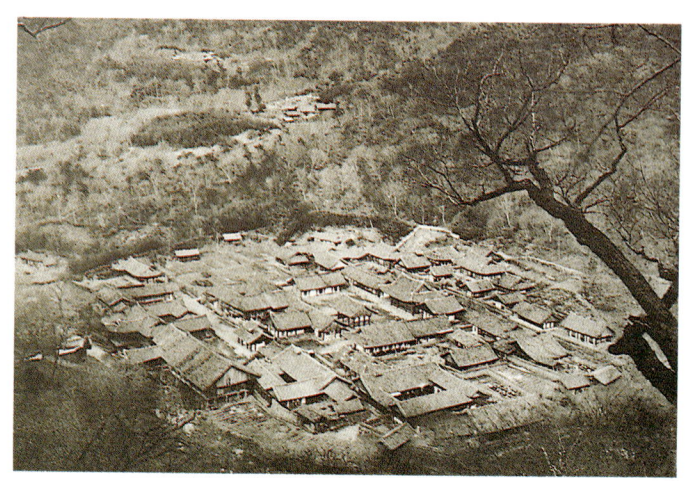

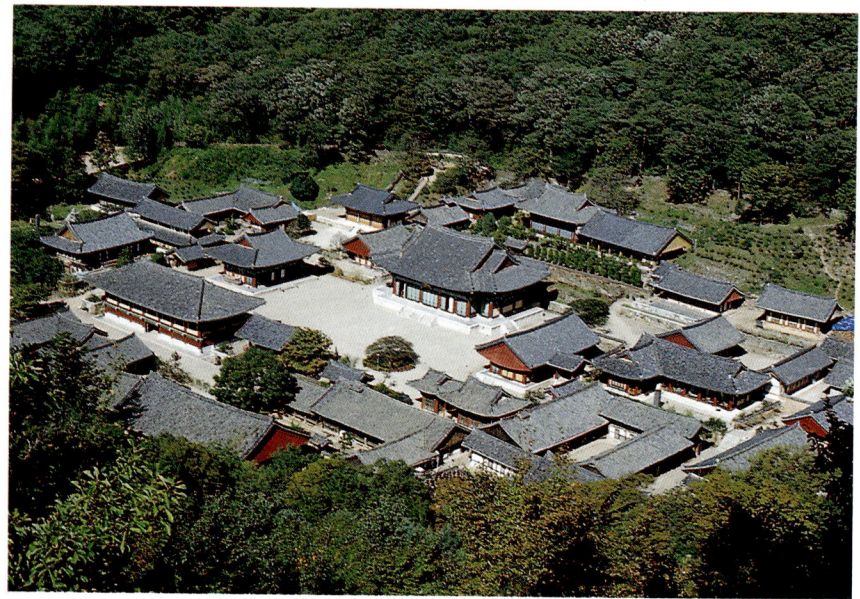

1930년경 송광사(위)와 현재의 송광사 전경(아래)

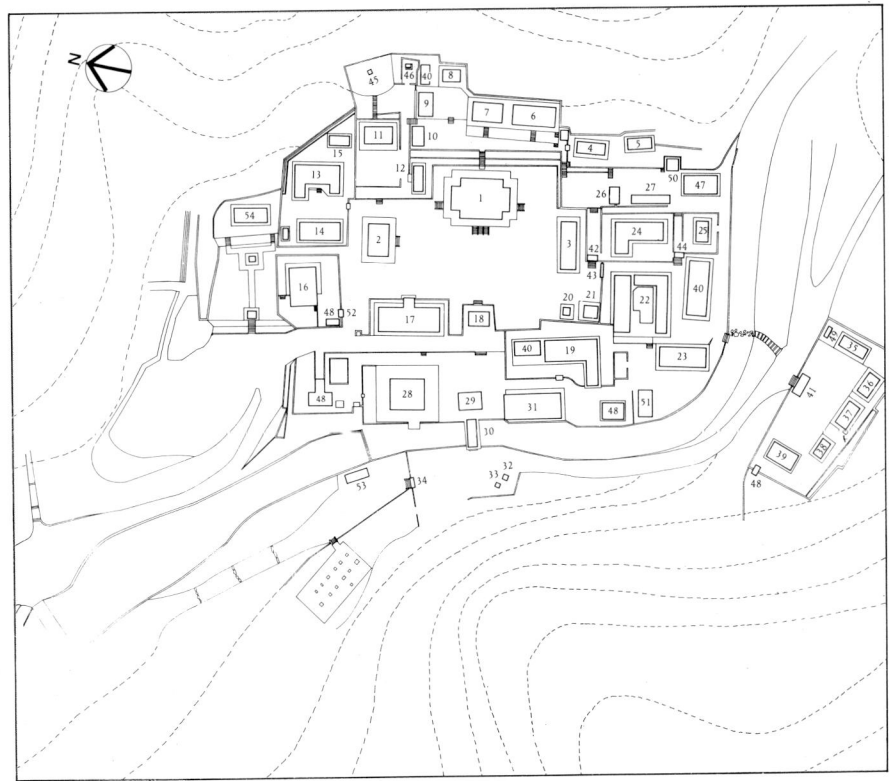

송광사 배치도

범례

1. 대웅전	11. 관음전	21. 영산전	31. 사자루(침계루)	41. 화엄문	51. 원불당
2. 승보전	12. 응향각	22. 해청당	32. 세월각	42. 불일문	52. 무념문
3. 지장전	13. 문수전	23. 선열당	33. 척주각	43. 선열문	53. 서점
4. 국사전	14. 요사	24. 목우헌	34. 일주문	44. 출입문	54. 효봉영각
5. 풍암영각	15. 수각	25. 길상헌	35. 명성각	45. 보조 국사 사리탑	
6. 수선사	16. 도성당	26. 행해당	36. 불조전	46. 삼일영천	
7. 설법전	17. 성보각	27. 차안당	37. 화엄전	47. 욕실	
8. 응진전	18. 종고루	28. 임경당	38. 성산각	48. 화장실	
9. 삼일암	19. 법성료	29. 천왕문	39. 월조전	49. 수각	
10. 하사당	20. 약사전	30. 우화각	40. 요사	50. 세신당	

화엄론에 근거한 법성게(法性偈)에 대한 고찰이 필요하다.

도시의 평지에 지어지지 않고 산속에 위치한 산지 사찰로서 산기슭에 위치하고 있는 까닭에 고저차를 조정하기 위하여 두 단의 석축을 구성하였다. 이러한 석축을 기준으로 전체 사역(寺域)은 밑으로부터 하단(下壇)·중단(中壇)·상단(上壇)의 세 영역으로 구분될 수 있다.

대웅전 뒷면의 높이 30, 40척의 석축 위로 설법전(說法殿)과 수선사(修禪社)를 비롯하여 조선 초기의 중요한 건물인 하사당(下舍堂)과 국사전(國師殿)이 있는 상단 지역이 있다. 이곳에 선원(禪院)의 성격을 지닌 설법전과 수선사를 두고 있다는 것은 선종에 바탕을 두고 수선을 중시하였던 보조 국사의 창건 이념을 잘 보여 주고 있는 사실이다.

한편 건물들의 배치 역시 종고루(鐘鼓樓)와 대웅전을 연결하는 중심축선과 이에 직교하는 축에 맞게 놓여져 있으면서도 자세히 살펴보면 그러한 축에 정확하게 일치하는 것이 아님을 알 수 있다. 오히려 전체적인 축을 따르면서도 부분적으로는 배치 계획의 자유로움을 지향하고 있다. 예를 들면 설법전의 중심축과 우화각—천왕문의 중심축이 대웅전—종고루의 중심을 지나는 중심축과 일치하지 않고 조금씩 틀어지게 되어 있는 것 역시 그러한 선종 사찰의 특성을 보여 주는 경우이다.

또한 송광사의 배치는 법성게의 도표처럼 복잡하게 얽혀 있어 사역 안에서는 비를 맞지 않고도 다닐 수 있었다고 한다. 여기서 법성게라고 하는 것은 의상 대사(義湘大師, 625~702년)의 210자 7언시를 도식화한 '화엄일승법계도(華嚴一乘法界圖)'를 말하는 것이다. '국사전중창상량명변서(國師殿重刱上梁銘弁序)'와 '해청당중수기(海淸堂重修記)'의 내용 가운데 법계도의 모양에 따라 건물을 배치하려고 했다는 기록과 요사채의 명칭을 법계도의 내용과 관련지었

```
── 微 ─ 塵 ─ 中 含 十   初 ─ 發 ─ 心 ─ 時   便 ─ 正 ─ 覺 ─ 生 死
│  量 ─ 無 ─ 是 即 方   成 ─ 益   寶   雨 ─ 議 ─ 思 ─ 不 ─ 意   涅
即   劫   遠   劫 念   別   生 佛   普 ─ 賢 ─ 大 ─ 人 ─ 境   如   槃
多   九   量   無 一 ─ 切   滿 十   海 ─ 人 ─ 能 ─ 境   出   繁   常 共
切   世   十   是 如 ─ 亦 ─ 中   一 ─ 盧 別   印 ─ 三 ─ 昧 ─ 中   和
即   世   互   相 即 ─ 仍 ─ 不   塵 亂 虛 分 ─ 然 ─ 冥   事 ─ 理 ─ 和
相   二   無   融 圓 ─ 性 ─ 法   回 際 本 還 ─ 者 ─ 行   故
諸   智   所   知 非 ─ 餘   佛   息 盡 寶 莊 ─ 嚴   法 界
法   證   甚   深 極 ─ 微 ─ 妙   妄 無 隨 家 歸 ─ 意   實 寶
不   切   深   無 不 ─ 動   必   想 尼 分 得 資 糧   殿
動 ─ 絕 ─ 相 ─ 無 不   羅 ─ 陀 ─ 以 ─ 糧 ─ 捉 ─ 如 意   巧 窮
本 ─ 來 ─ 寂 ─ 無 名 ─ 守 ─ 不 ─ 不 ─ 得 ─ 無 ─ 緣 ─ 善 巧
中 ── 成 ─ 緣 ─ 隨 性   自   來 ─ 蔿 ─ 床 ─ 道 ─ 中 ─ 際 ─ 實 坐
```

화엄일승법계도
(華嚴一乘法界圖)

다고 하는 기록을 통하여 볼 때 사찰의 배치 계획이 법계도와 어떠한 관계가 있다는 사실을 추정할 수 있다. 물론 법계도의 도식을 정확하게 따라 배치 계획이 이루어졌다고 보기는 어렵다. 하지만 종축선(從軸線)을 중심으로 위아래로 길게 건물들이 배치되어 있는 다른 사찰이 일반적인 예와 비교하여 볼 때 송광사는 대웅전을 중심으로 하는 영역에 대부분의 건물이 모여 있으며, 그 배치가 중심 영역을 기준으로 직교축을 형성하며 둘러싸는 형식을 취하고 있다는 사실은 어떠한 방법으로든 법계도의 영향을 받았기 때문이었다는 가정을 강하게 뒷받침하고 있다.

1928년 송광사를 실측하고 이를 「조선건축사론(朝鮮建築史論)」에 발표하였던 등도해치랑(藤島海治郎)의 100척 단위의 양척(量尺) 분석 역시 법계도와의 관련성을 뒷받침하는 사실로 볼 수 있으며, 각 건물의 위치 선정에 일정한 원칙이 있었음을 보여 준다.

배치의 변천

대부분의 오래 된 사찰들이 그러하듯이 송광사도 지난 1,200여 년 동안 숱한 재난 속에서 여덟 차례의 대규모 중창을 포함하여 여러 차례의 중수 및 중건 과정을 거쳤다. 이러한 중창 과정 가운데 고려 신종(神宗) 원년(1198) 보조 국사에 의한 제1차 중창을 비롯 하여 조선 태조(太祖) 4년(1395) 고봉 화상(高峰和尙)에 의한 제3 차 중창, 임진·정유 양란 이후 응선 화상(應禪和尙)과 부휴 선사 (浮休禪師)에 의한 제4차 중창, 임인년(1842)의 대화재 이후 이루 어진 제5차 중창, 1920년대에 이루어진 제6차 중창 및 1988년 완성 된 제8차 중창 등 여섯 번의 중창이 배치 계획의 변화 과정상 특히 중요한 의미를 갖는다.

이러한 중창 과정 속에서 사찰 전체의 배치에는 많은 변화가 있었 지만 중창에 의한 변화가 일시에 사찰 전체에 걸쳐 이루어지는 것은 아니므로 원형을 많이 간직하고 있는 곳이 있는 반면에 전혀 과거의 모습을 알아볼 수 없는 곳도 있다. 따라서 앞서 살펴보았던 보조 국사의 창건 이념 아래 이루어진 송광사가 역사적으로 어떠한 변천 과정을 겪고 현재에 이르렀는가 하는 내용을 살펴보는 것은 송광사 를 이해하는 중요한 측면이 된다.

보조 국사에 의한 1차 중창이 있기 전까지의 시기에 있어서 송광 사의 건물 배치가 어떠하였는가를 지금에 와서는 잘 알 수가 없다. 다만 당시의 기록인 '수선사형지기(修禪社形止記)' '조계산수선사중 창기(曹溪山修禪社重刱記)' 등의 문서와 '불일보조국사비명(佛日普照 國師碑銘)'에 기록된 건물 명칭을 통하여 배치 상황을 추정해 볼 뿐이다. 이들 기록에 의하면 당시 중심 지역의 건물 배치는 지금과 는 달리 금당(대웅전)의 전면으로 문루가 있고, 기타 부속 건물들과 이들을 연결하는 행랑이 있었던 것으로 추측하여 볼 수 있다.

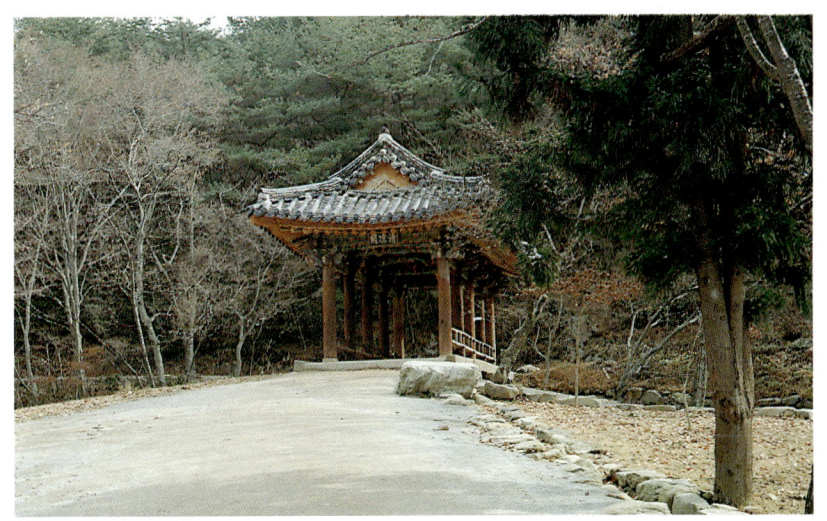

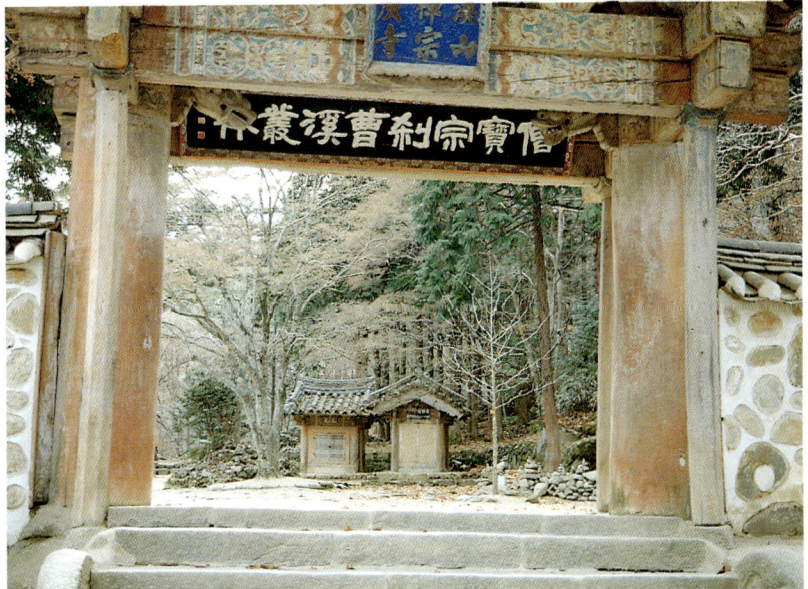

청량각 송광사에 가기 위해 건너야 하는 개울의 다리 역할을 하는 건물이다.(위)
일주문 사역에 진입하는 첫번째 문으로 척주각, 세월각의 두 작은 건물이 문 안에서
 사람을 맞이한다.(아래)

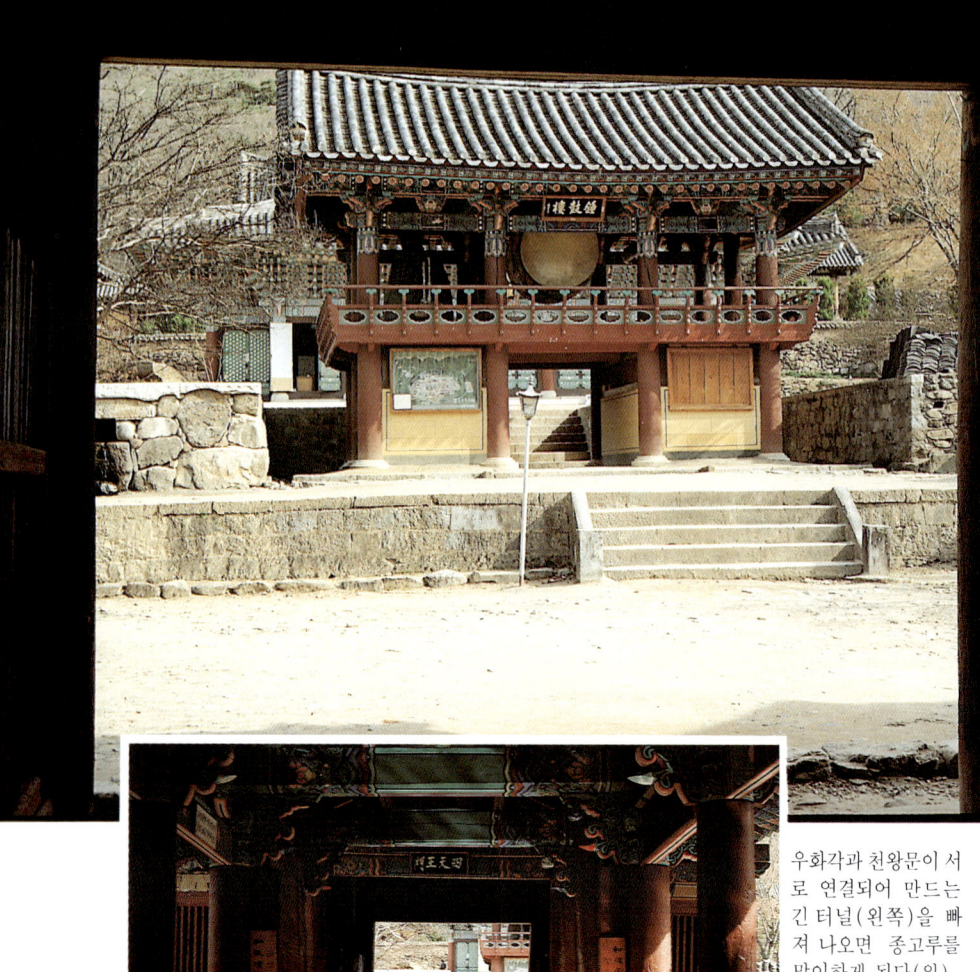

우화각과 천왕문이 서
로 연결되어 만드는
긴 터널(왼쪽)을 빠
져 나오면 종고루를
맞이하게 된다(위).

44 송광사의 입지 및 배치

한편, 금당 뒷면의 상단 지역은 송광사의 전신이 수선사였던 것으로 보아 수선사와 설법전은 현재의 건물이 비록 최근의 중건 과정을 거친 것이기는 하지만 창건 초기부터 존재하였고, 건물의 양식으로 보아 하사당, 삼일암, 국사전 등의 건물 역시 초기부터 존재하였던 것으로 보인다. 이는 이곳 상단 지역이 창건 때부터 선원(禪院)의 성격으로 계획되었음을 말하여 주는 것이다.

그 밖에도 '사적비(事績碑)'에 고려 명종(明宗) 때 이미 "···建大刹 立屋八十餘間···"이라는 기록이 전하고 있는 것으로 보아 많은 수의 건물이 사역을 이루고 있었음을 짐작할 수 있다. 그러나 15분의 국사를 배출하며 승보 사찰로서의 명성을 드높이던 송광사는 고려 말에 이르러서는 사세가 급격히 약화되어 조선 초 16대 국사인 고봉 화상에 의한 제3차 중창이 있기 전까지는 황폐화된 상태로 있었다. 조선 초에 이르러 중흥의 대념을 품고 이곳에 온 고봉 화상은 송광사로 그 이름을 바꾸고 수선사를 중수하였으며, 제3차 중창의 대역사에 착수하여 황폐화되었던 사찰에 중흥의 계기를 마련하였다.

상단 지역의 선원부에는 청운당(青雲堂), 백설당(白雪堂), 차안당(遮眼堂) 등의 건물이 새로이 건립되어 전과는 다른 배치 구조를 보이게 되었다. 이러한 선원부의 배치 구조는 이후 한국전쟁 때까지 원래의 성격을 유지하며 살 보존되어 왔다.

중단 지역의 경우는 전(前) 시기의 배치 구조가 그대로 유지되고 대웅전의 남북 외곽으로 법계도와 관련된 명칭을 지닌 해청당(海青堂), 법성료(法性寮), 행해당(行解堂), 보제당(普齊堂) 등 대규모의 요사가 위치하여 대웅전 일곽을 감싸고 있었다.

그 이후 사세가 점차 확장되어 중인 화상(中印和尙)에 의하여 90여 칸의 전각이 조영되는 등 임진란(壬辰亂, 1592년)과 정유란(丁酉亂, 1597년) 전까지 많은 전각이 새로이 조영되었다.

1. 제3차 중창 이후(조선 초기)의 배치(추정)

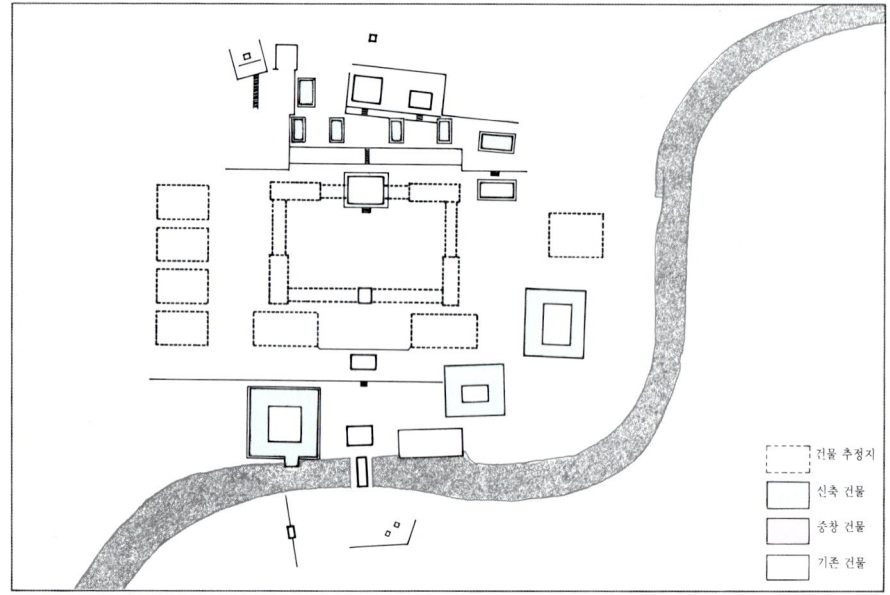

범례:
- 건물 추정지
- 신축 건물
- 중창 건물
- 기존 건물

2. 제4차 중창 이후(임진·정유란 후)의 배치(추정)

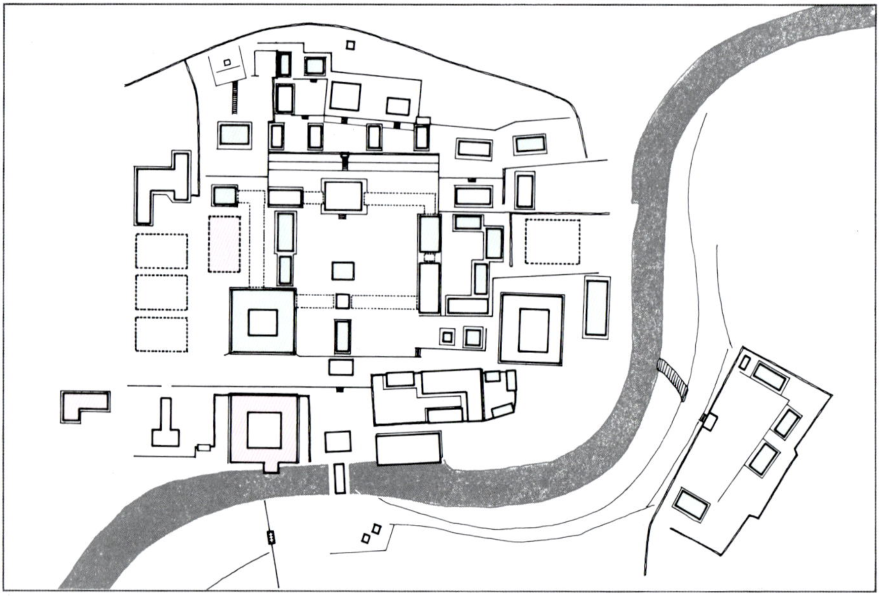

3. 제5차 중창 이후(1842년 대화재 후)의 배치

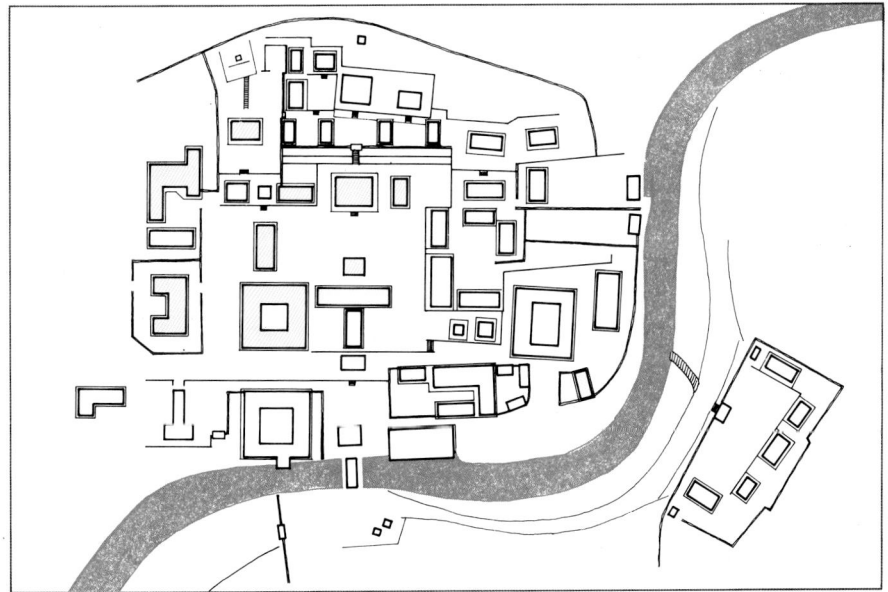

4. 제7차 중창 이후(1950년 한국전쟁 후)의 배치

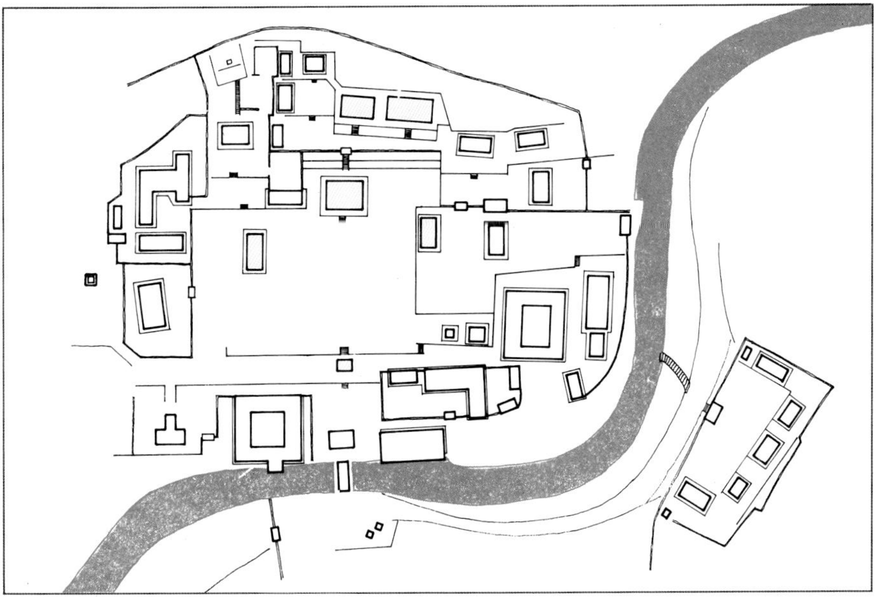

조선 중기에 이르러 임진란과 정유란이 발발하여 승려들이 노략을 피하여 다른 사찰이나 인가로 옮겨감에 따라 또다시 피폐한 상태에 이르게 되었다. 이러한 상황은 응선 화상(應禪和尙)과 부휴 선사(浮休禪師)에 의한 제4차 중창을 통하여 복구되어 송광사의 명맥이 이어지게 되었다.

이후의 건물 배치는 「송광사사고(松廣寺史庫)」의 건물 배치 및 평면도를 통하여 추정이 가능하다. 이 배치도에 의하면 대웅전의 좌우에 응향각(凝香閣)과 명부전(冥府殿)이 있어 하나의 가로축을 형성하고, 응향각과 명부전의 전면으로는 각각 제식당(齊食堂), 외향각(外香閣) 및 심검당(尋檢堂), 용화당(龍華堂)이 위치하여 2개의 세로축을 형성하였음을 알 수 있다. 또한 대웅전의 전면으로는 법왕문(法王門)과 종고루(鐘鼓樓)가 있어 중심축을 형성하고 있었다. 그리고 '임인화재보(壬寅火災報)'의 소실부에 동행랑과 서행랑이 기록되어 있는 것으로 보아 행랑이 이들 건물들을 연결하며 중심부를 구획하였던 것으로 여겨진다.

상단의 선원부에는 삼일암의 후면으로 응진당(應眞堂)과 향적전(香積殿)을 조영하고 국사전의 남쪽으로 진영당(眞影堂)을 배치하였다. 또한 발운료지(拔雲寮址), 낙하당지(落霞堂址), 도성당지(道成堂址) 등이 표시되어 있는 것으로 보아 대규모의 각종 요사채가 새로이 조영되었던 것으로 보인다.

헌종(憲宗) 8년(1842) 3월 2일 밤중에 낙하당(落霞堂)에서부터 시작된 화재로 대웅전을 비롯한 전각과 승방 2,152칸이 소실되는 큰 피해를 입게 되었다. 그러나 이러한 커다란 피해에도 불구하고 송광사의 승려와 신도들은 이듬해부터 송광사의 복구에 나서 14년이 지난 철종(哲宗) 7년(1856)에 이르러서는 비로소 제5차 중창이 완료되었고, 그 이후로도 많은 건물이 지속적으로 중수·중건되었다.

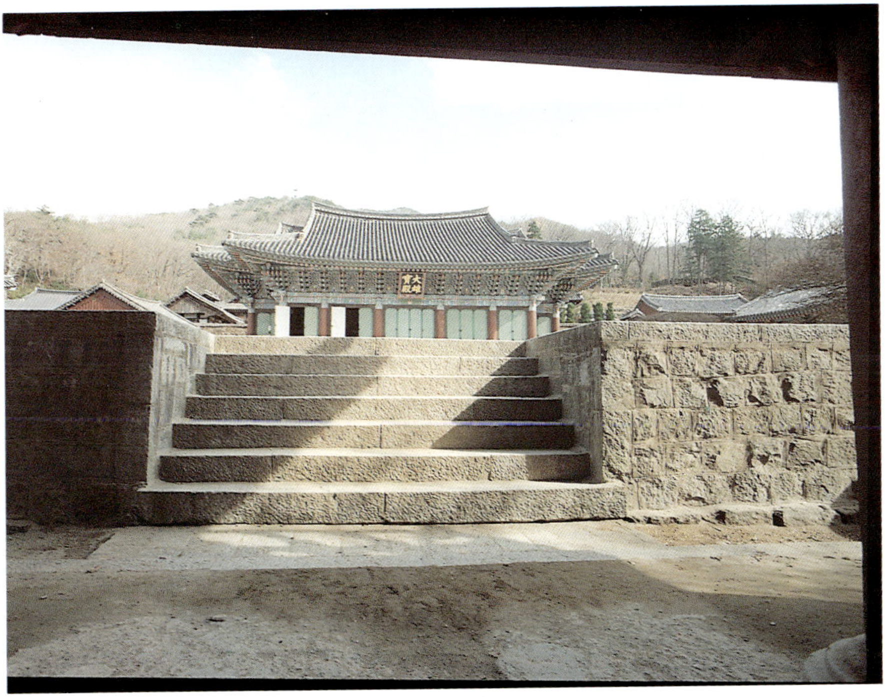

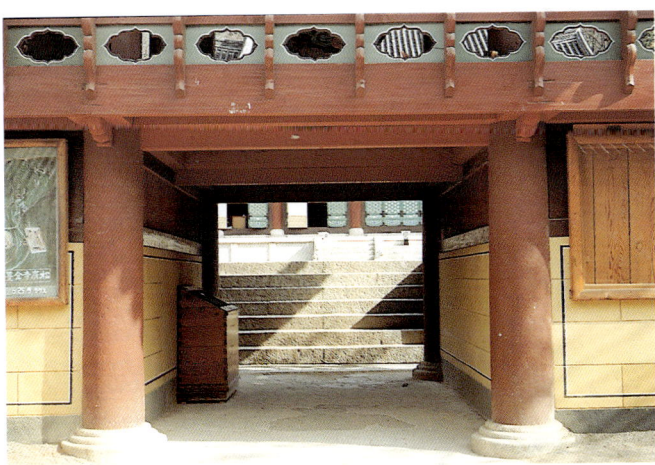

종고루의 밑(왼
쪽)을 다시 한번
빠져 나오면 계단
위로 대웅전이 보인
다(위).

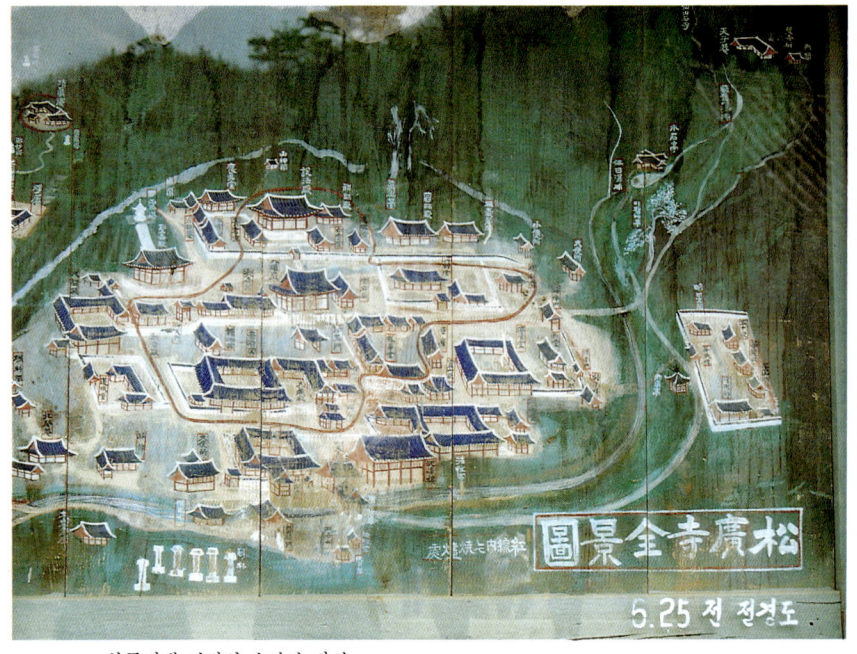

한국전쟁 이전의 송광사 전경

　그 이후 1920년부터 10여 년 간에 걸친 제6차 중창이 이루어지게 됨으로써 송광사는 과거의 면모를 되찾게 되었다. 당시의 배치에 관해서는 1928년 8월 일본인 학자 등도해치랑 씨가 실측하여 「조선 건축사론」으로 발표한 배치도와 소화(昭和) 8년(1933) 조선총독부 (朝鮮總督府)에서 발간한 「조선고적도보(朝鮮古蹟圖譜)」를 통하여 살펴볼 수 있다. 전 시기와 마찬가지로 대웅전의 전면으로 법왕문, 종고루, 대장전, 해탈문 등의 문루가 중심축을 형성하며 배치되어 있고, 대웅전의 좌우로는 명부전과 대지전(大持殿)이 위치하고 이들 전각의 전면으로 각각 심검당, 용화당 및 창고, 보제당 등의 부속 건물이 배치되어 전 시기의 건물 배치를 유지하였다.

이상에서와 같은 배치 구조를 지니고 있던 상단과 중단에 변화가 오는 것은 한국전쟁의 전화(戰禍)로 이들 지역 대부분의 전각이 불에 소실되면서부터이다.

한국전쟁 이후 취봉(翠峰) 스님과 구산(九山) 스님에 의하여 대응전, 명부전, 응향각 등이 중창되고 종고루와 박물관이 새로이 조영되었음에도 불구하고 다수의 전각과 문루로 밀집되어 있었던 중단의 중심 영역은 과거의 면모를 되찾지는 못하였다.

상단의 선원부 역시 설법전과 수선사가 동일한 위치에, 그러나 그 규모에 있어서는 과거보다 더 크게 중건되어 현재에 이르고 있다. 이들 건물의 전면에 위치하였던 청운당과 백설당은 복원되지 못하였고, 차안당만이 진영당 전면의 한 단 낮은 장소에 중건되었다.

송광사가 현재의 모습을 갖추게 된 것은 1983년부터 시작된 제8차 중창 계획이 1988년 완성된 이후이다. 이 계획에 의하여 중단의 중심 영역에 새로이 대응보전(大雄寶殿), 승보전(僧寶殿), 지장전(地藏殿), 성보유물각(聖寶遺物閣) 등의 건물이 복원되었다. 대응보전이 과거 대응전이 있던 장소에 새로 크게 조영되었고, 박물관이 있던 자리에는 구(舊) 대응전 건물이 승보전으로 개칭되어 이건되었다. 또한 명부전이 지장전으로 개칭됨과 동시에 증축, 이전되어 대응전을 중심으로 좌우 대칭의 배치 구조를 되찾게 되었다.

이와 같이 조계종의 본산으로서 또 삼보 사찰의 하나인 승보 사찰로서의 명성을 되찾기 위한 중창 계획을 통하여 오늘날의 모습을 갖추기는 하였으나 대응전과 여러 문루를 연결하고 있던 중심축과 이를 중심으로 좌우에 배치되어 있던 부속 건물, 그리고 이들을 둘러싸고 있던 행랑 등의 배치 구조를 찾아볼 수 없어 아쉬움이 남는다.

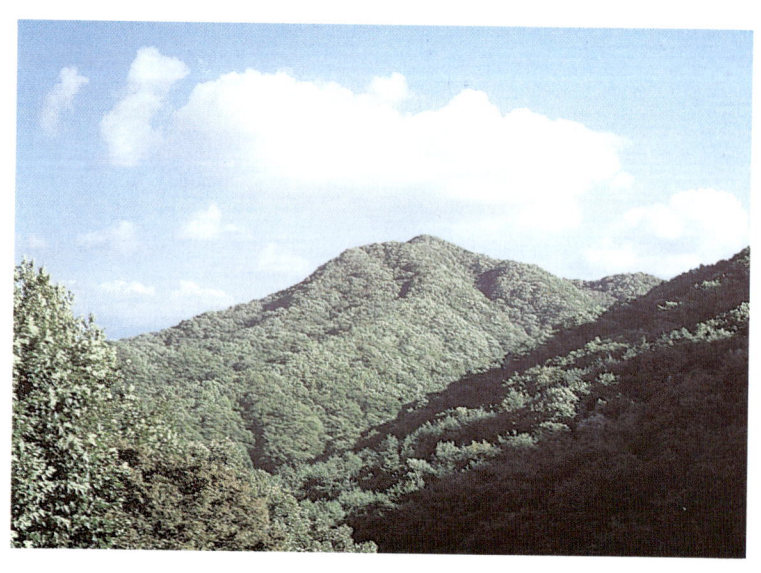

송광사가 자리잡고 있는 조계산 승보사찰(僧寶寺刹)로 유서 깊은 송광사는 호남의 명산 가운데 하나인 조계산의 동쪽 기슭에 위치한다. '송광사(松廣寺)'라는 절 이름은 조계산의 옛 이름인 송광산에서 비롯된 것이다.(위)

송광사 지붕군 단풍 든 조계산의 정경과 송광사의 지붕군이 어우러져 있다.(옆면)

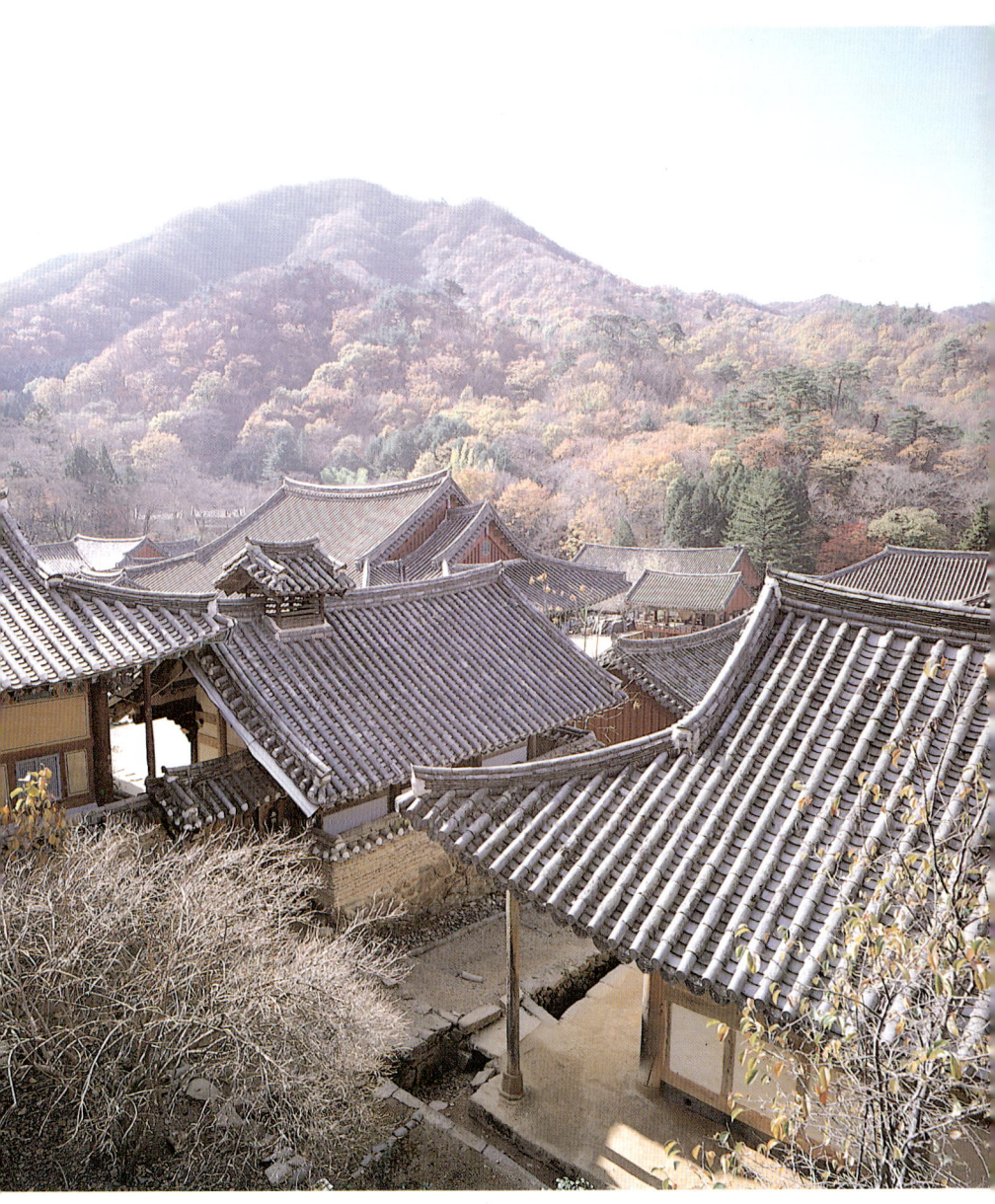

이상에서와 같이 변천 과정을 거치며 현재의 모습을 지니게 된 송광사는 근본적으로 수선의 이념을 강조하는 보조 국사의 이념이 오늘날까지도 이어지고 있어 대웅전 후면의 선원 지역은 전국 각지는 물론 외국으로부터도 많은 승려들이 수행을 위하여 찾고 있는 장소가 되고 있다.

공간의 구성

송광사는 창건 초기에는 금당 앞의 마당을 중심으로 중요 건물들이 행랑으로 둘러싸인 공간 구성을 하고 있었던 것으로 추정되며, 이는 삼국시대부터의 전통적인 평지 가람 형식이 이어져 내려온 것으로 생각된다. 산지 사찰이면서 평지 가람적인 배치 계획을 세웠다는 것은 송광사의 배치 및 공간 구성상의 특성 가운데 하나이다. 동시에 송광사의 역사가 통일신라—고려 기간의 전통적인 사찰 계획 수법을 반영하는 근거로도 이해될 수 있다.

이와 같은 평지 가람의 일반적인 공간 구성과 더불어 사역 전체를 두 단의 석축을 이용하여 3개의 영역으로 나누고, 대웅전 후면의 높은 석축 위에 선원의 성격을 지닌 설법전과 수선사를 배치하고 있는 것도 또 하나의 공간 구성상 특징이다. 이는 사찰이 입지하고 있는 산세를 이용하여 보조 국사 지눌의 사상을 수용하는 선종 사찰로서 승려들의 수선을 가장 중요시하였음을 말하여 주는 배치 기법으로 볼 수 있다.

법보(法寶) 사찰 해인사가 대웅전의 뒤쪽에 높은 석축을 두고 팔만대장경의 판본을 보관하는 장경판고를 두고 있는 사실과 불보(佛寶) 사찰 통도사가 대웅전의 뒤쪽으로 부처님의 진신사리를 모시는 금강계단을 두고 있는 사실로 미루어볼 때 승보(僧寶) 사찰인

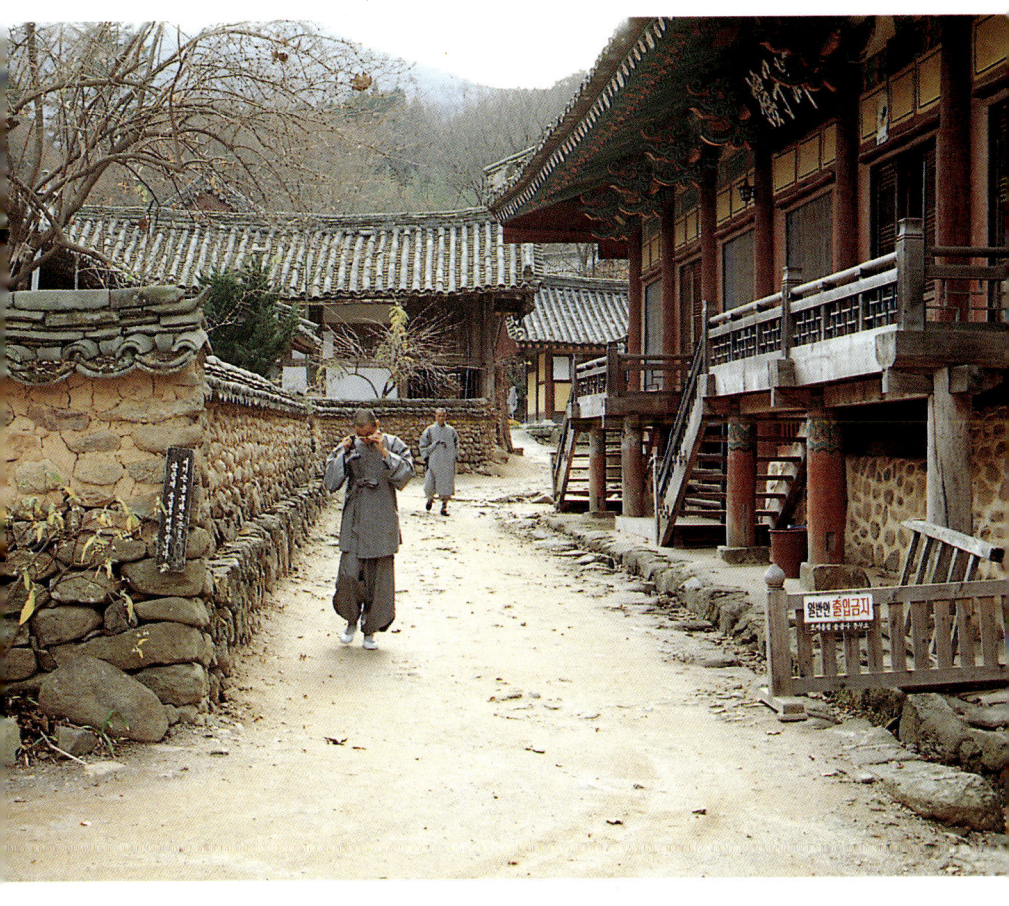

천왕문을 나와서 오른쪽을 보면 침계루(사자루)와 법성료 사이의 공간이 골목길이
되어 요사채 쪽으로 인도한다.

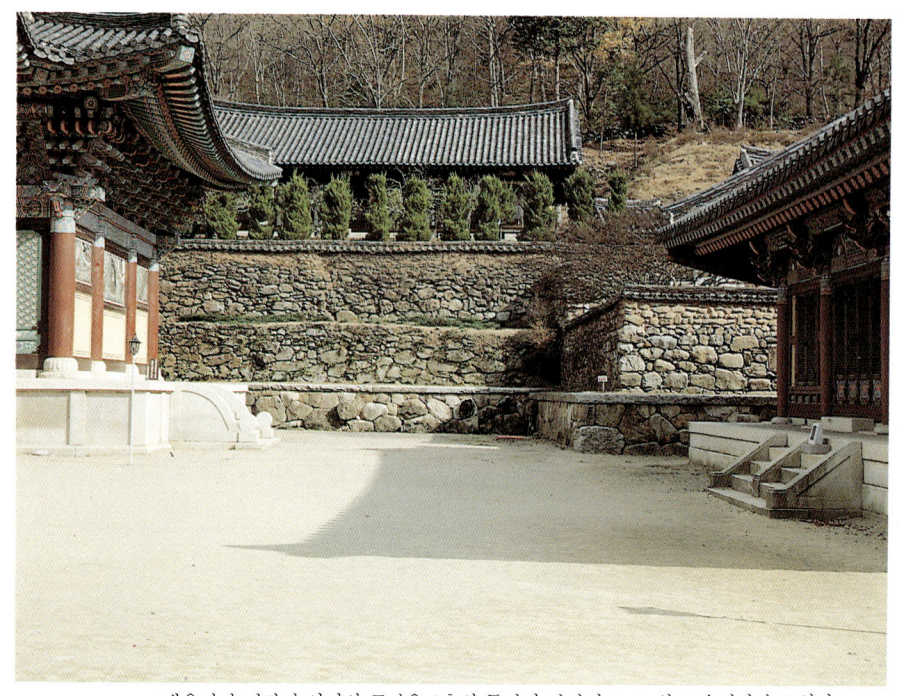

대웅전과 지장전 사이의 공간을 3층의 돌담이 막아서고 그 위로 수선사가 보인다.

송광사에서 선원부를 상단에 배치한 것은 공간 계획상 같은 맥락에서 파악될 수 있을 것이다.

한편, 개창 당시 송광사의 배치에 관하여 자세히 알 수는 없으나 평지 가람식으로 계획되었으면서도 금당의 앞쪽으로 탑이 있었다고 하는 기록을 찾을 수 없는 것으로 보아 원래부터 탑이 계획되지 않았던 것으로 가정해 볼 수 있다. 탑이 없었다면 사찰의 배치 변화에 있어서 점차 탑의 상징적 의미가 퇴색하고 금당 중심의 선종 사찰로서 변화되어 가는 변화의 초기 모습을 읽을 수 있다고 보여진다. 조선시대에 들어서는 오히려 탑이 위치하여야 할 장소에 법왕문이 세워졌음이 주목된다.

송광사가 산지 가람이면서 평지 가람적 배치 계획을 했었고 그 가운데에서도 법계도의 영향을 받은 공간 구성을 하고 있었다는 사실은 공간 구성에 있어 일반적인 산지 선종 사찰과는 다른 송광사만의 특성이 있었다는 것을 입증하기에 충분하다. 회랑이 있는 기하학적 배치였다거나 법계도의 영향이 있었다는 사실로 미루어볼 때 송광사는 회랑이 있었던 중심 영역이 공간적 구심점이 되었던 경우로 이해되어야 하며, 이 중심 영역은 지금의 대웅전과 그 전면의 마당이었음이 틀림없다.

송광사는 다른 선종 사찰과는 달리 종축선상의 진입 과정이 공간적 축으로 작용한 것이 아니고 처음부터 가운데의 공간적 중심 영역을 중심으로 사방으로 확산되어 가는 것 같은 형식으로 이루어졌음을 이해할 필요가 있다. 이것이 바로 법계도의 기본 구성 배경이기도 하다.

우화각을 지나 계류를 건너고 나면 바로 앞에 천왕문이 있지만 그 좌우로 인접하여 천왕문보다 더 큰 건물들이 놓여 있다. 현재는 없어진 과거의 배치에서는 더 많은 건물들이 복잡하게 중심 마당을 에워싸는 형식으로 겹겹이 놓여져 있었다. 이것은 모두 평지 가람적인 중심성과 법계도의 영향을 가정하지 않으면 쉽게 이해하기 힘든 것들이다. 송광사의 공간 계획을 이해하는 데 있어서는 이러한 송광사만이 갖는 배경과 특성이 빠져서는 안 된다. 지금의 송광사는 그러한 배경과 공간적 특성이 유지되어 만들어진 배치 상황에서 불규칙하게 없어지고 남은 전각들의 모습으로 이해될 필요가 있겠다.

송광사는 어느 사찰보다도 중심 지향적이며 동심원적이다. 여러 겹의 동심원적 구성을 진입축이 가로지르며 중심부에 이르게 하는 그러한 구성이다. 중심부에서는 사방 어느 곳으로 가든지 그러한 중층적 에워쌈을 경험할 수 있으며, 그 모든 경험은 결국 다시 중심을 향하게 한다. 앞으로의 송광사 복원 계획이 세워질 때는 이러한 점이 충분히 반영되어야 할 것이다.

송광사의 건축

　송광사에는 과거 고려나 조선조에 비해서는 그 수가 비록 적지만 현재에도 약 50여 동(棟)의 많은 건물이 사역을 가득 메우고 있다. 이들 건물들은 대개가 조선시대 중기와 후기에 지어진 것들로서 그 가운데 국사전과 하사당은 조선 초기의 건물로서 각각 국보 제56호와 보물 제263호로 지정되어 있다. 그 밖에 약사전과 영산전이 각각 보물 제302호와 제303호로 지정되어 있다.

　사역의 전면을 감싸며 흐르는 계류를 따라 올라가면 여느 사찰에서와 마찬가지로 일주문이 있어 송광사로 들어서고 있음을 알려주고, 여기서 왼쪽으로 계류를 건너면 비로소 사역으로 진입하게 된다. 이곳 송광사의 건축물들은 진입 순서에 따라 각각 진입부의 성격을 지니고 있는 하단, 대웅전을 중심으로 많은 건물들이 배치되어 있는 중단, 그리고 선원부의 성격을 지니고 있는 상단으로 구분되는 영역에 속하여 있다.

　이제부터 현재 남아 있는 송광사의 건축에 관하여 진입 순서에 따라 각 영역에 속한 건물들을 차례로 살펴보기로 하자.

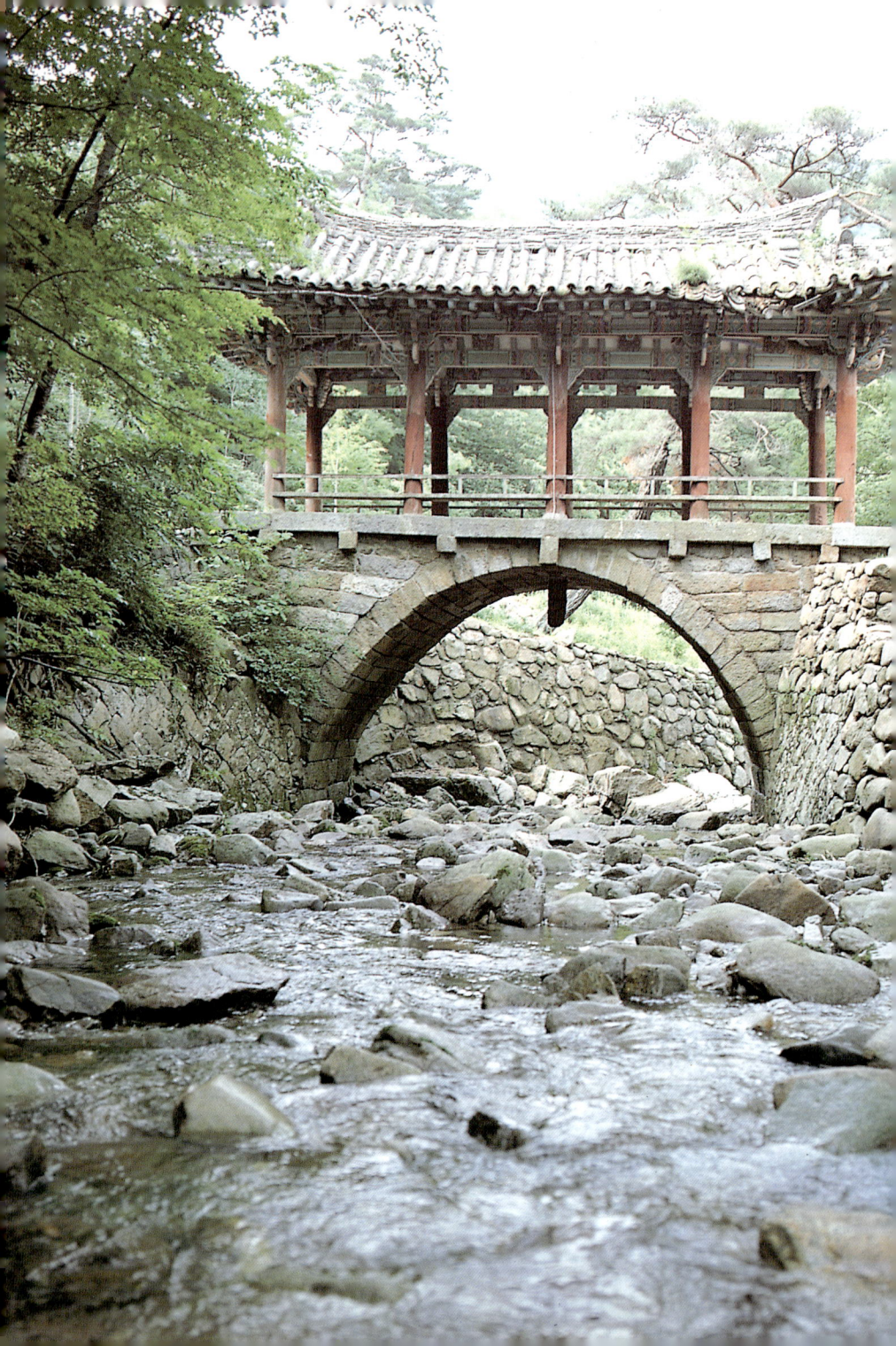

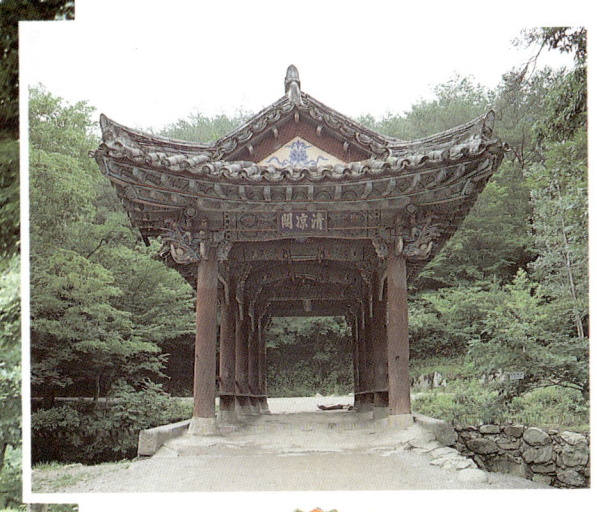

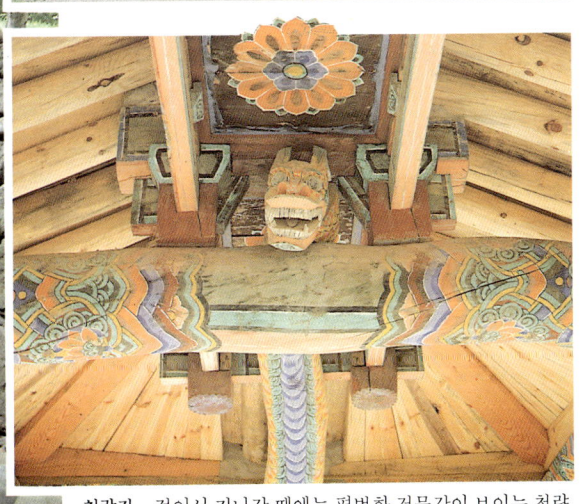

청량각 걸어서 지나갈 때에는 평범한 건물같이 보이는 청량
각이지만(위), 개울 쪽에서 바라보면 석조의 홍교 위에
정자같이 지어진 아름다운 건물이다(옆면).
청량각 속을 통과하면서 위를 쳐다보면 보 위에 턱을 괴고
있는 용머리가 사람을 맞이한다(아래).

청량각(淸凉閣)·일주문(一柱門)
척주각(滌珠閣)·세월각(洗月閣)

사찰로 진입하기 전 계류를 따라 오르다 보면 계류 위에 걸쳐 있는 누교(樓橋)가 있다. 석조의 홍교(虹橋)를 쌓고 그 위에 만들어진 건물로 전면 1칸(10.5척), 측면 4칸(32척)의 팔작지붕으로 되어 있다. 영조 6년(1730) 극락홍교(極樂虹橋) 조성 기록이 있는 것으로 보아 이때 홍교가 만들어지고 건물은 광무 7년(1924)에 처음 만들어진 것으로 여겨진다.

청량각을 지나 또다시 계류를 따라 오르면 송광사의 입구라고 할 수 있는 일주문 앞에 다다르게 되며, 일주문의 전면으로는 송광사 역대 고승(高僧)과 공덕주(功德主)들의 비림(碑林)이 있다. 전후 4출목의 9포작 다포로 구성되어 있는 일주문은 조선 후기의 건축으로서 편액(扁額)의 형식이 다른 사찰과는 달리 창방과 평방의 중앙에 세로로 '조계산(曹溪山)' '대승선종(大乘禪宗)' '송광사(松廣寺)'라고 쓰여 있어 송광사가 수선(修禪)을 중시하는 사찰임을 알리고 있다.

척주각과 세월각은 보통의 전각에 비하여 매우 작은 단칸 건물로 일주문의 안쪽으로 2개의 건물이 서로 엇비켜서 배치되어 있다. 이들 건물은 죽은 자의 위패(位牌)를 모시고, 죽은 자의 혼을 실은 가마인 영가(靈駕)의 관욕처(灌浴處)로서 사용되는 특이한 전각이다. 곧 영가가 사찰에 들어오기 위해서 남자의 영가는 척주각에서, 여자의 영가는 세월각에서 각각 속세의 때를 벗는 목욕을 해야 하는 것으로 여겨졌다. 이들 2개의 건물은 다른 사찰에서는 찾아볼 수 없는 것으로서 건축적 구성에 있어서나 종교적 기능에 있어서 매우 독특하다.

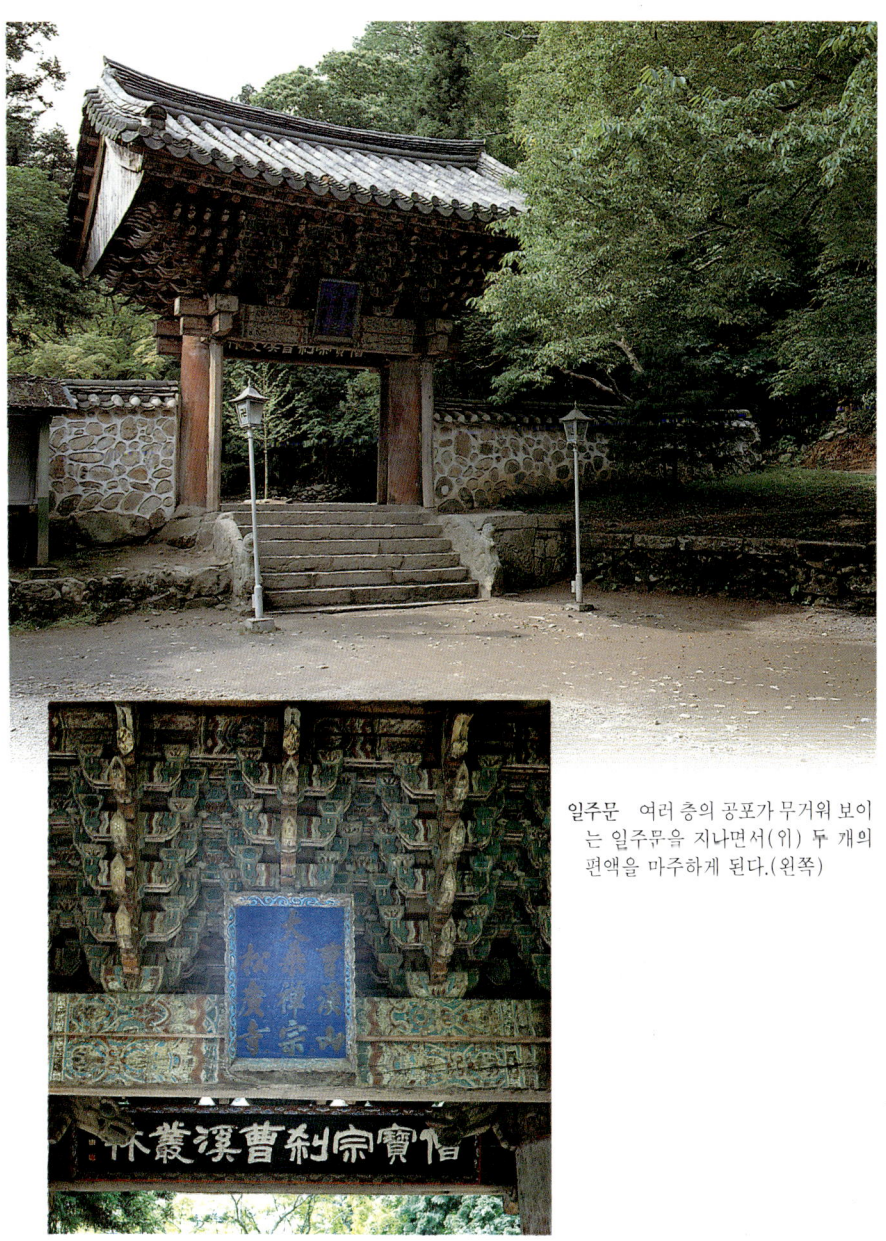

일주문 여러 층의 공포가 무거워 보이
는 일주문을 지나면서(위) 두 개의
편액을 마주하게 된다.(왼쪽)

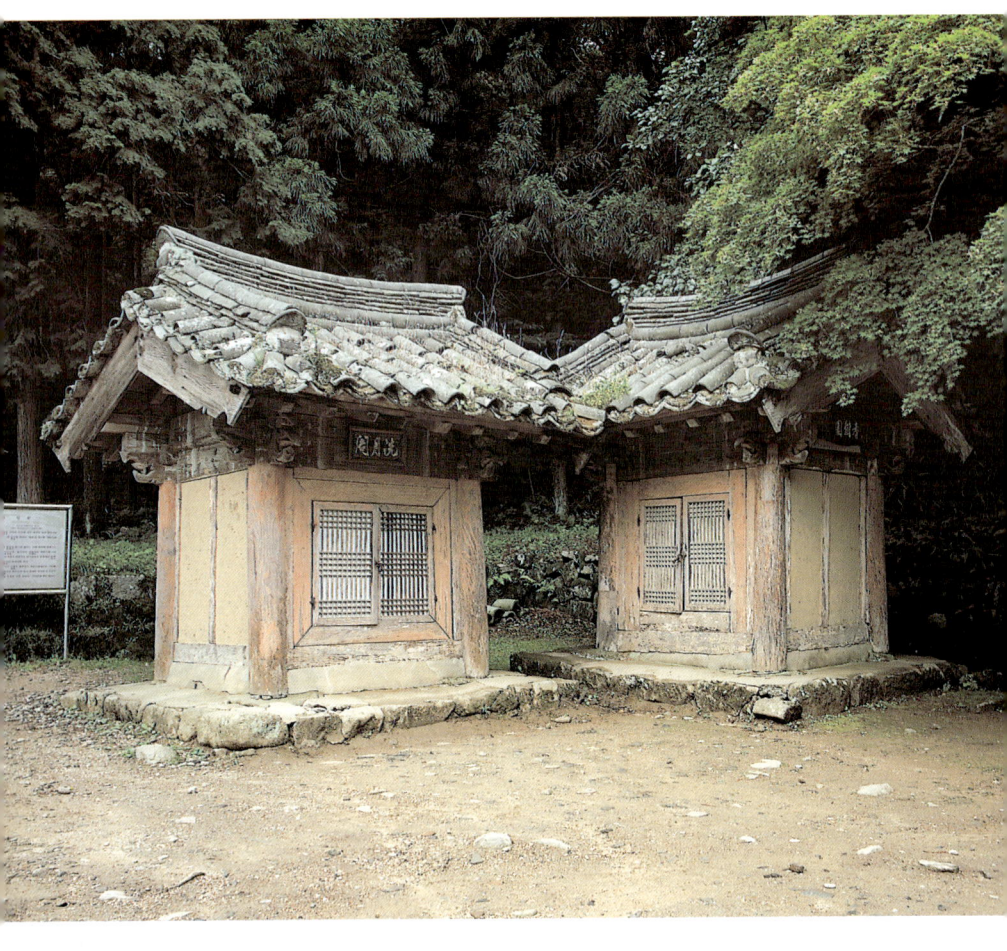

세월각과 척주각   죽은 자의 혼을 실은 가마인 영가도 남녀가 따로 세월각과 척주각에
서 속세의 때를 벗어야 사찰에 들어갈 수 있는 것으로 여겨졌다. 두 건물이 마치 사찰
어귀에 서서 과거의 인연을 마지막으로 돌아보는 남녀같이도 느껴진다. 아마도 한국
전통 건축 가운데 제일 작은 건물일지 모른다.

우화각(羽化閣)·천왕문(天王門)
종고루(鐘鼓樓)·침계루(枕溪樓)

사역으로의 진입을 위해서 건너야 하는 계류 위로 물과 조화를
잘 이룬 홍교와 우화각이 있다. 계곡의 맑은 물 위로 우화각과 홍교
가 거꾸로 비치는 모습은 속세와 인연을 끊고 불국(佛國)으로 향하
는 선승(禪僧)의 마음을 상징적으로 나타낸다. 이 다리는 일명
능허교(凌虛橋)라고도 불린다. 또한 이곳에는 예로부터 송광사를
거쳐간 시인과 묵객(墨客)들의 한시(漢詩)가 많이 걸려 있어 이곳의
아름다운 경관을 돋보이게 한다. 영조 50년(1774)에 중수되었으
며, 입구 쪽과 출구 쪽의 지붕이 각각 팔작지붕과 맞배지붕으로
서로 다른 형태로 되어 있다.

우화각을 지나면 곧바로 목조의 사천왕상(四天王像)이 있는 천왕
문에 들어서게 된다. 전면 4칸(29척), 측면 2칸(21.5척)으로 초창
(初創)은 광해군(光海君) 원년(1609)이라고 하며, 숙종(肅宗) 44
년(1718)에 중수하고 채색을 다시 하였으며 내부의 천왕상은 순조
(純祖) 6년(1806)에 최종적으로 개채(改彩)가 되었다고 한다.

천왕문을 지나 대웅전이 있는 영역으로 들어가기 위해서는 종고
루의 밑을 지나야 한다. 해탈문(解脫門)이 있던 위치에 누각 형식으
로 지어진 종고루의 2층에는 범종(梵鐘), 운판(雲板), 목어(木魚),
홍고(弘鼓) 등의 불전 4물(佛前四物)이 비치되어 있다.

천왕문의 남쪽에 위치한 침계루(사자루, 獅子樓)는 전면 7칸,
측면 4칸의 중층 누각 건물로서 전면의 툇간은 계류의 바위 위에
누주를 두어 건물을 받치고 있다. 일제 시대에는 주로 여름을 이용
하여 사찰에서의 학습을 위한 공간으로 사용되었고 또 승려들이
목련극(目蓮劇)과 팔상극(八相劇) 등을 연습하던 장소로 사용되었다
고 한다.

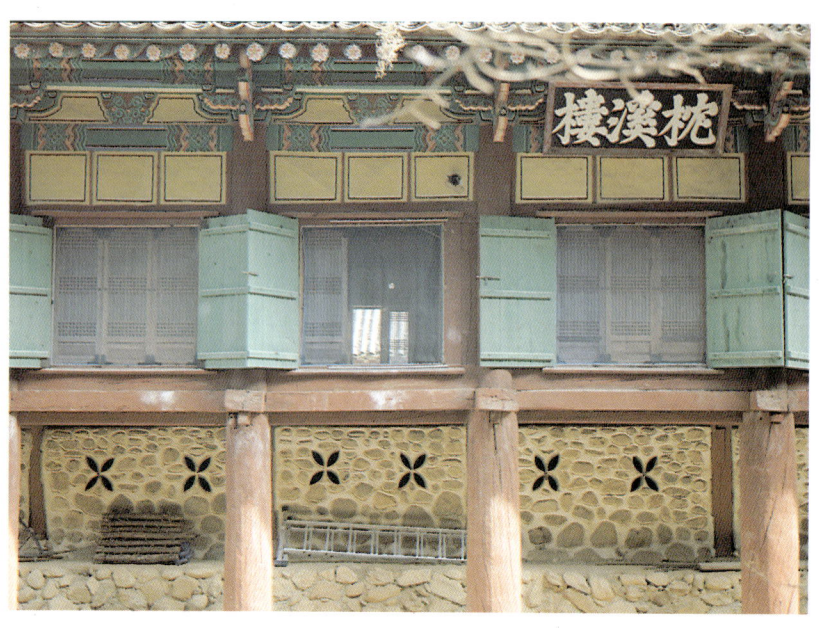

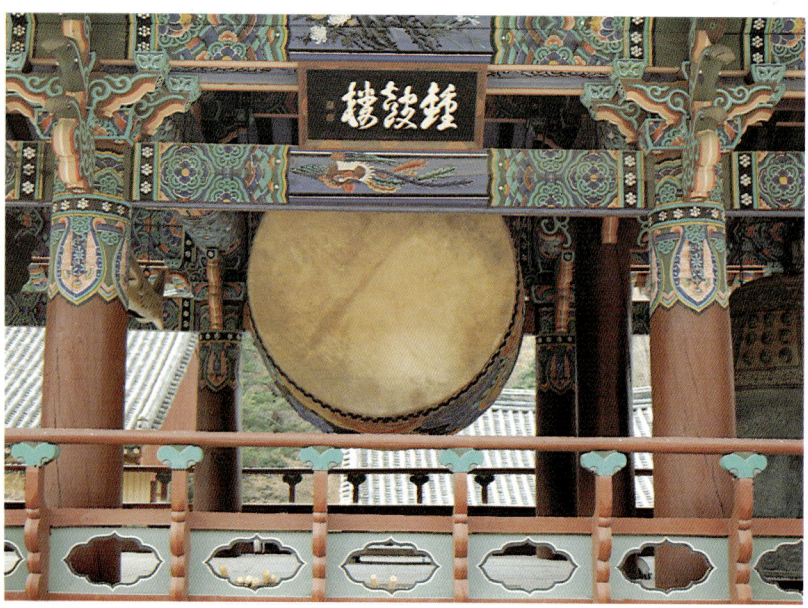

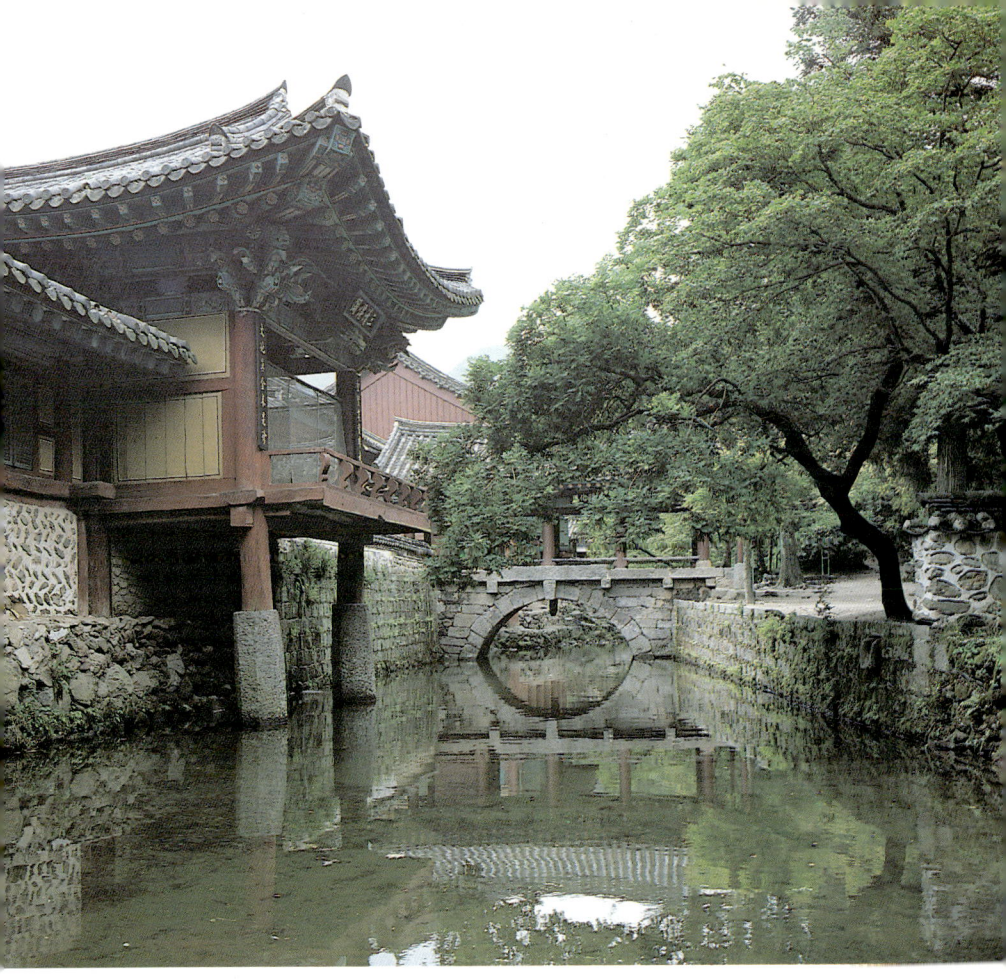

침계루　황색, 적색, 청색의 색조 구성이 두드러진다.(옆면 위)
종고루　원래 해탈문이 있던 위치에 누각 형식으로 지어진 종고루의 2층에는 범종,
　　　운판, 목어, 홍고 등 법구가 있다.(옆면 아래)
우화각　송광사에서 가장 경치가 좋다고 하는 우화각은 홍교와 함께 불국으로 향하는
　　　선승의 마음을 상징적으로 나타내는 곳이다.(위)

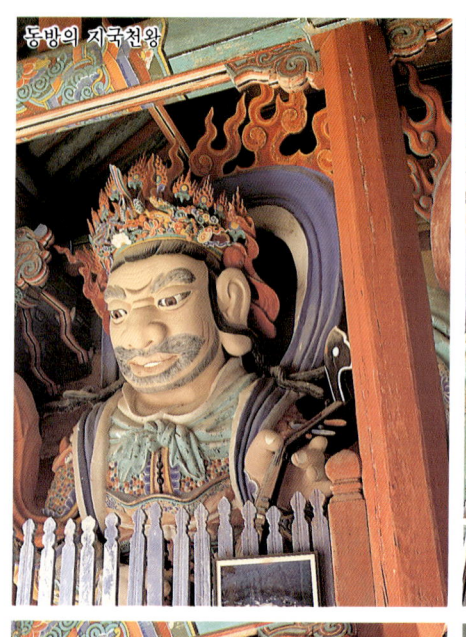

동방의 지국천왕

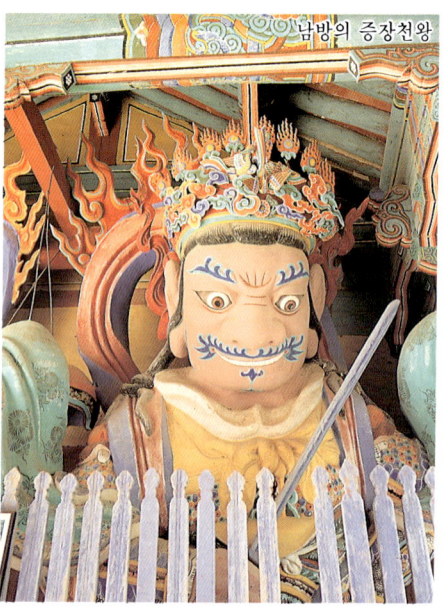

남방의 증장천왕

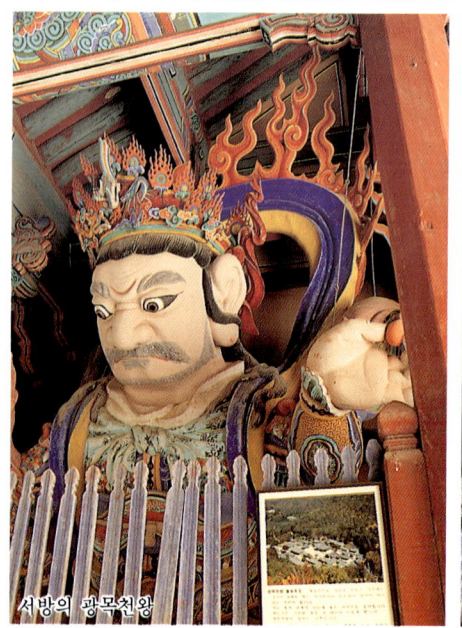

서방의 광목천왕

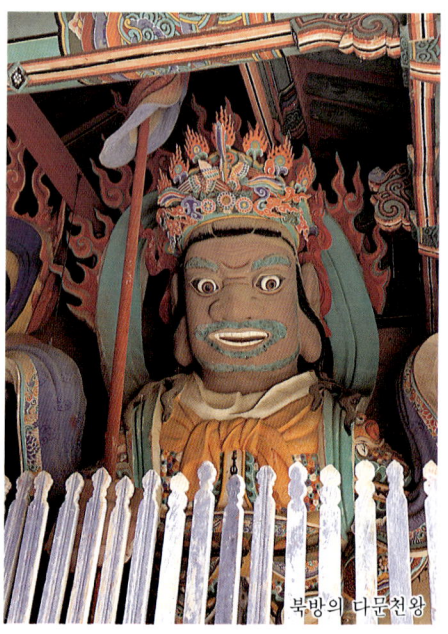

북방의 다문천왕

천왕문 안 사천왕상

대웅보전(大雄寶殿)·관음전(觀音殿)

1988년의 대중창을 통하여 송광사의 중심 건물로 대규모의 대웅보전이 조영되어 현재의 모습을 보이고 있다. 불단(佛壇)의 하부에 부처님의 진신사리(眞身舍利) 탑을 세우고 그 탑신 위에 현재불인 석가불(釋迦佛)과 미래불인 미륵불(彌勒佛) 등 과거·현재·미래 삼세(三世) 제도를 염원하는 삼존불(三尊佛)을 모셨다. 그리고 이들 삼존불을 받치고 있는 목제 대좌(臺座)의 전면과 좌우 3면에는 석가의 일대기와 한국 불교의 법맥(法脈)을 이어 온 원효(元曉)와 보조(普照)의 생애를 조각하였다.

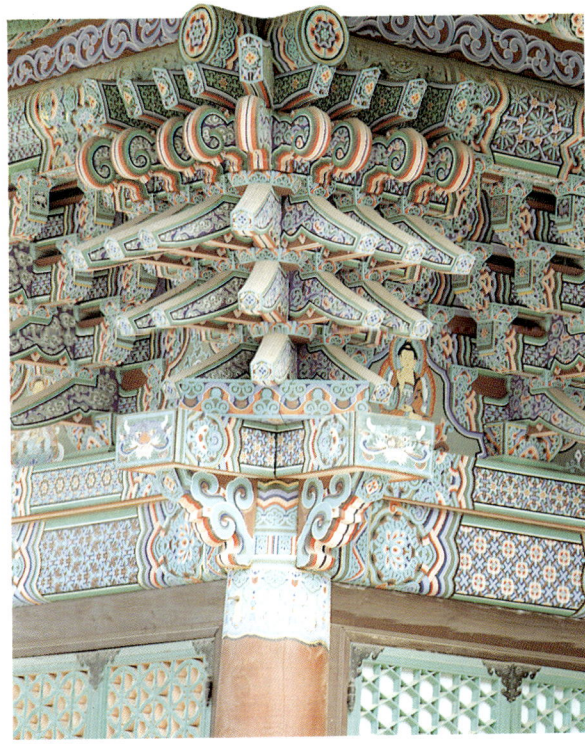

대웅보전 모서리의 공포 부분

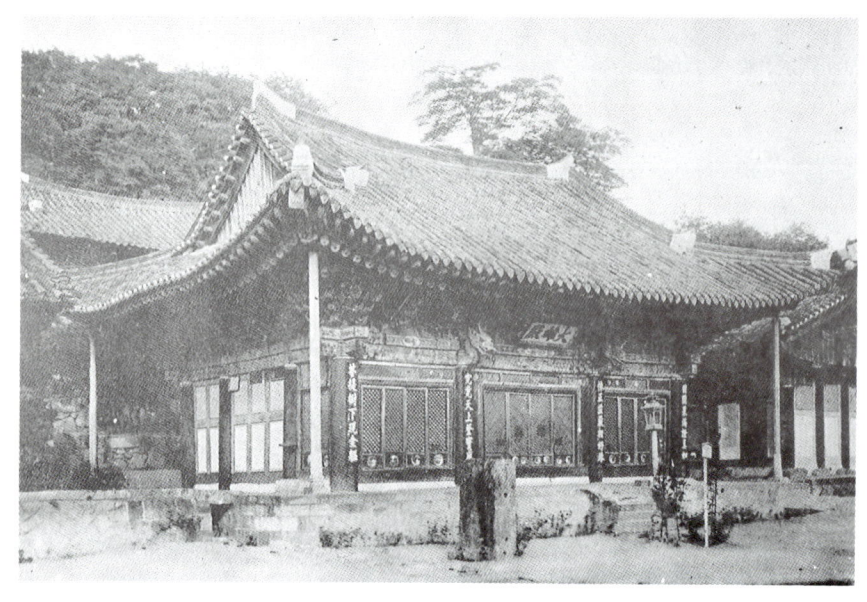

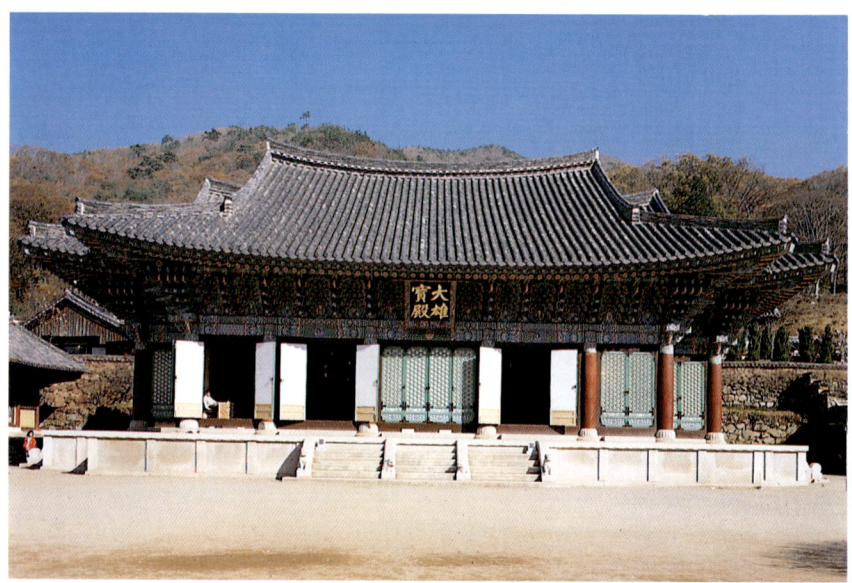

1930년경의 대웅전(위)과 지금의 대웅전(아래)

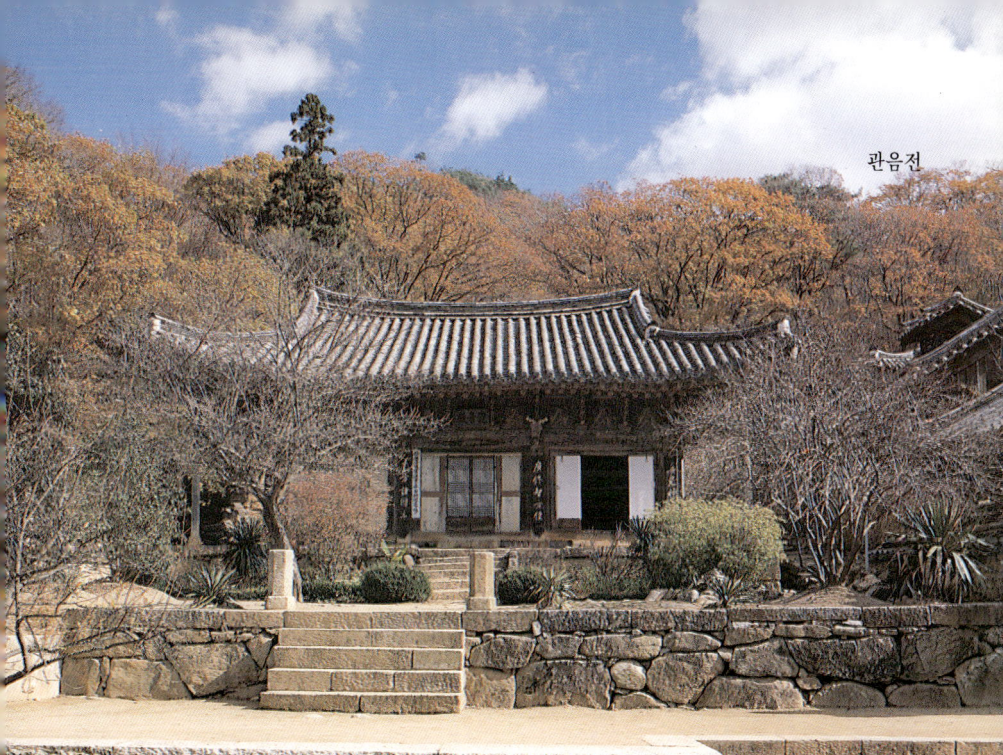

  정면 7칸(81.3척), 측면 5칸(53.26척)의 건물로 평면은 '아(亞)' 사형으로 되어 있는데, 이러한 평면은 원각사(圓覺寺) 13층석탑의 평면과 유사하게 계획된 것이다. 내부 공간은 전면에 있는 최고주(最高柱)를 중심으로 예불을 드리는 공간과 불단이 위치한 공간으로 구분되며, 전면의 예불 공간은 기둥 없이 무주 공간(無柱空間)으로 처리하고 후면에는 불단의 설치가 편리하도록 퇴고주를 두었다.
  관음전은 대웅전과 문수전의 사이에 위치하고 있으며, 정면 3칸, 측면 3칸의 팔작지붕 건물이다. 다포 양식의 건물로 주칸에는 2구씩의 간포를 배치하였다. 임인년의 화재 뒤 1846년에 중창되었으나 현재의 건물은 1903년에 건립된 것으로 전한다.

승보전(僧寶殿)·지장전(地藏殿)
성보유물각(聖寶遺物閣)

승보전은 1988년의 제8차 중창 이전에는 대웅전으로 사용되었던 건물로서 당시에는 사찰의 중심 건물이었다. 초창 당시의 모습은 알 길이 없고, 임인년의 대화재 뒤에 신축되었던 건물 역시 1951년의 화재로 다시 소실되어 1961년 주지인 금당 화상(錦堂和尚)

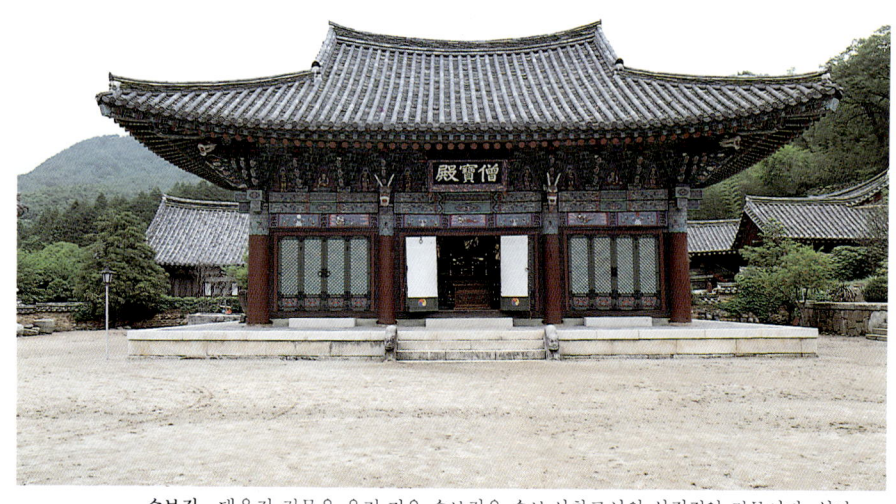

승보전 대웅전 건물을 옮겨 지은 승보전은 승보 사찰로서의 상징적인 건물이다. 석가여래, 가섭, 아난 등 십대 제자와 십육성, 1,250대비구를 모셨다.

에 의하여 중창되었다. 대웅전으로 사용되던 당시에는 4개의 고주가
하나의 공간을 구성하고 후면 고주에 의지하여 비로자나불(毘盧遮
那佛)을 안치하였었다. 정면 3칸(39척), 측면 3칸(27척)의 단층
팔작지붕으로 무고주 5량의 지붕 가구에 외3출목, 내4출목의 다포
양식으로 지붕 가구를 받들고 있다. 역사적 가치가 크지는 않지만
대웅전을 이축한 건물이므로 법당(法堂)으로서의 격식을 잘 갖추고
있는 건물이다.

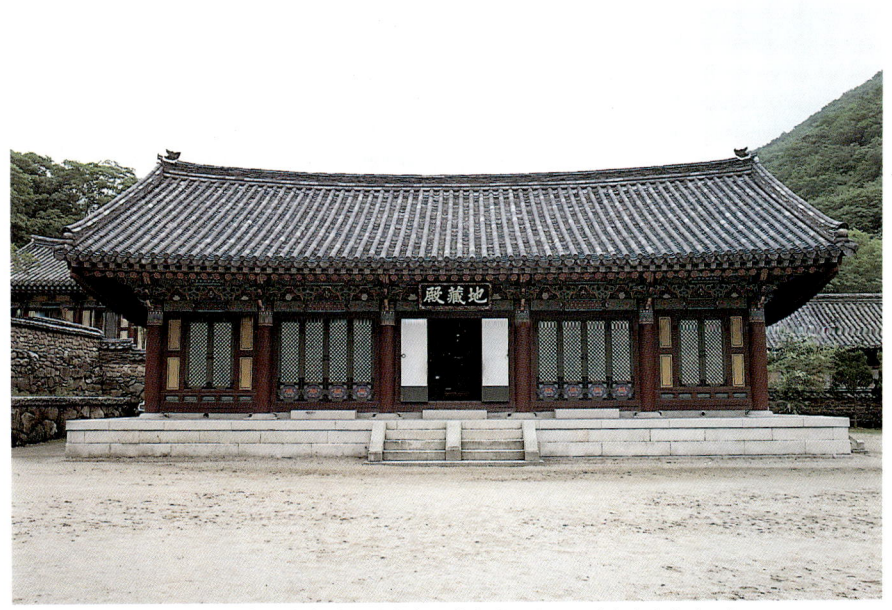

지장전　지장보살과 시왕이 모셔져 있는 지장전은 원래 명부전으로 사용되었던 건물을
이전, 증축한 것이다.

지장전은 원래 명부전으로 사용되었던 건물로 제8차 중창에 의하여 해체, 이전과 동시에 증축된 것이다. 정면 5칸(54척), 측면 3칸(24척)의 맞배지붕으로 내부는 고주 없이 5량의 가구로 처리하였으며, 공포는 1출목의 주심포 형식으로 주칸 사이에는 화반을 두고 있다. 특이한 점은 전면을 제외한 3면이 판벽으로 처리되어 있다는 것이다.

성보유물각은 목조 누각형의 중층 건물로 정면 7칸, 측면 3칸의 규모이다. 초익공 양식의 맞배지붕에 1층의 내부는 철근 콘크리트로 2층의 내부는 조적조로 설계되었으며, 외부는 목조로 계획되었다. 1988년의 중창 이전에도 이곳에 유물 전시관이 있었으나 이를 해체하여 대웅보전 북쪽의 응향각(應香閣)으로 이축하였다. 현재 이곳에는 국보 2점을 비롯한 많은 유물이 보관되고 있으며, 2층을 유물 전시관으로 사용하고 1층은 유물 보존 창고와 기계실 등으로 사용하고 있다.

약사전(藥師殿)·영산전(靈山殿)

약사전과 영산전은 현재에는 중단 지역의 한 귀퉁이에 위치하고 있지만 그 위치와 규모에 비하여 건축적으로는 비교적 중요한 건물이다.

약사전은 송광사 안에서 가장 규모가 작은 전각으로 건물 양식이 독특하여 현재 보물 제302호로 지정되어 있다. 정면과 측면 모두 단칸으로 내부에는 대들보가 없이 공포만으로 팔작지붕의 가구를 받치고 있다. 1974년의 중수할 때에 발견된 상량문에 의하면 인조 9년(1631)에 중건되었으나 5년 뒤 병자호란의 화재로 소실되었고, 영조 27년(1751)에 중창이 있었던 것으로 기록되어 있다. 건물

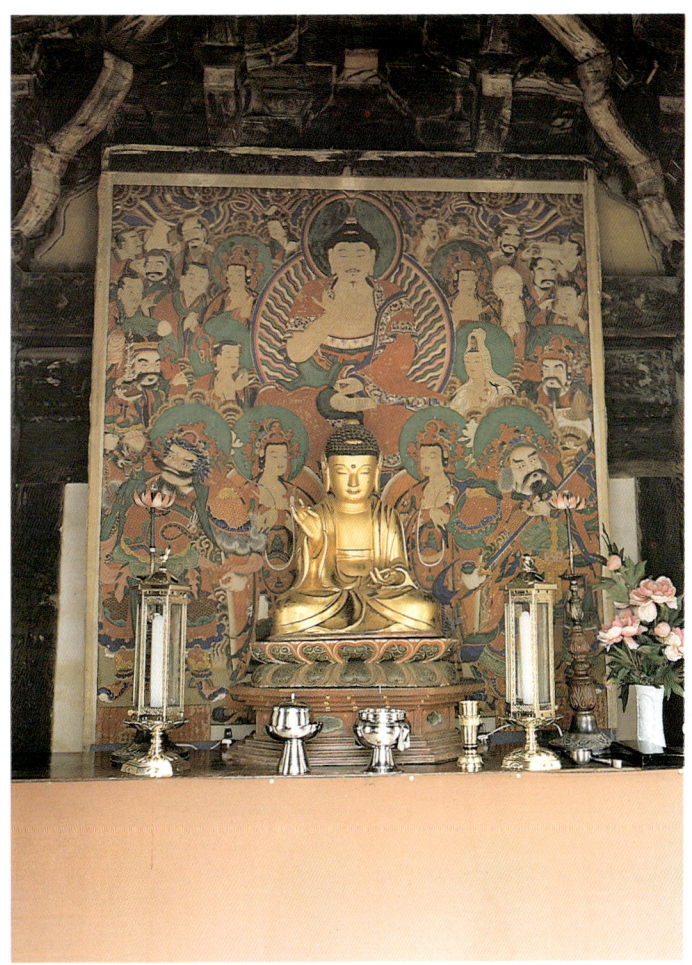

약사전의 약사여래와 후불탱화

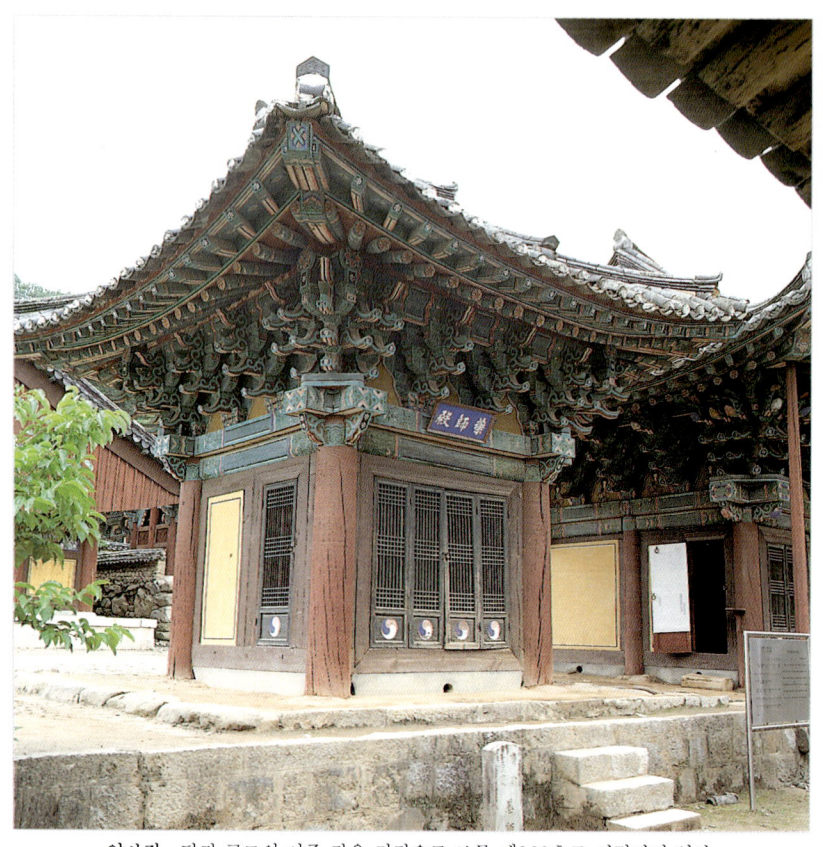

약사전 단칸 규모의 아주 작은 전각으로 보물 제302호로 지정되어 있다.

의 내부에는 약사여래(藥師如來)를 봉안하고 있으며, 후면의 불화는 광무(光武) 8년(1904)에 그려진 것으로 원래는 감로암(甘露庵)에 있었을 것으로 판단된다.

약사전과 나란히 서 있는 영산전 역시 보물 제303호로 지정되어 있는 건물이다. 정조 17년(1793) 새로 지어진 건물로 옆에 있는 약사전과 더불어 조선조 후기의 양식을 지니고 있으며, 크기만 서로

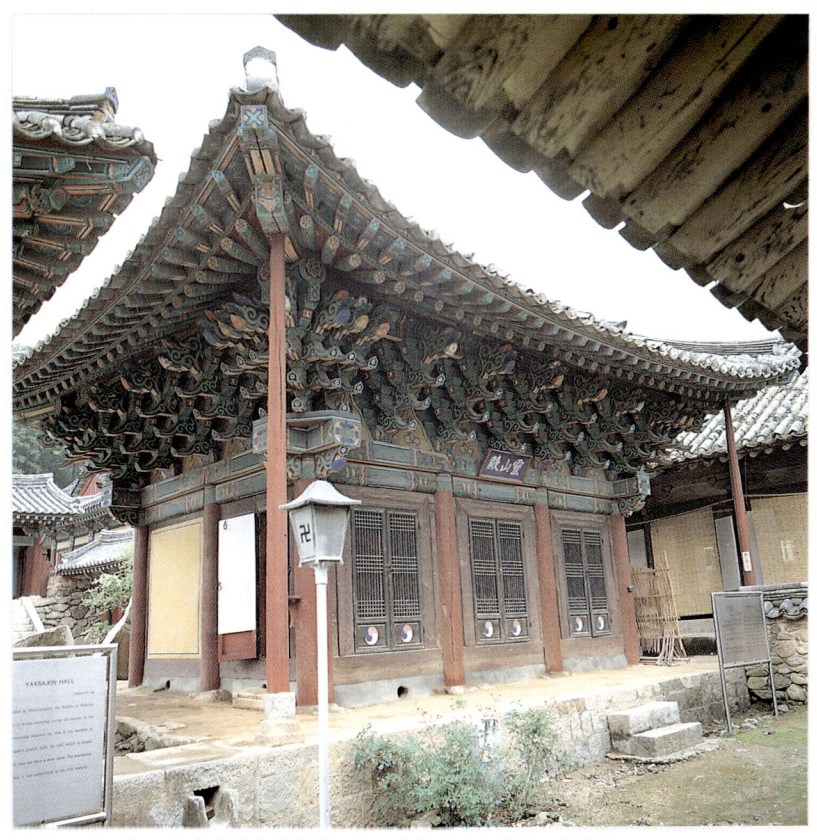

영산전 보물 제303호인 영산전 내부에는 목조여래 좌상과 팔상도가 있다.

다를 뿐 외관은 매우 비슷하다. 정면 3칸, 측면 2칸의 규모이고, 3출목의 다포 구조로서 비교적 큰 팔작지붕을 지지하고 있다. 영산전의 내부에는 영취산(靈鷲山)에 거주하며 「법화경(法華經)」을 설하고 있는 석가여래의 조소상(彫塑像)이 있고, 영산회상(靈山會上)의 설법상을 모사한 영산대회탱(靈山大會幀)을 후불로 삼고 있다.

설법전(說法殿)·수선사(修禪社)

대웅전 뒤의 석축 중앙에 있는 계단을 올라 진여문(眞如門)을 통과하면 대웅전의 바로 뒤쪽에 설법전이 있다. 설법전은 본래 팔만대장경(八萬大藏經)을 봉안해 두던 곳으로 팔만장경각(八萬藏經閣)이나 팔만경당(八萬經堂)으로도 불렀다. 광무(光武) 3년(1899) 나라에서 해인사의 대장경 4부를 칙인(勅印)하여 1부는 전국의 각 사찰에 배포하고 나머지 3부는 삼보 사찰에 각각 봉안토록 하여 이곳에 보관하였다고 한다. 그러나 통도사와 해인사의 대장경은 현재에도 잘 보존되고 있으나 송광사의 대장경은 1951년의 화재로 설법전과 함께 소실되어 버렸다.

영조(英祖) 8년(1732)에 중수한 기록이 있으며, 이를 정조(正祖) 9년(1785)에 중건하였다는 기록이 있다. 현재의 건물은 정면 3칸(42척), 측면 3칸(26척)의 단층 팔작지붕으로 1968년 4월에 재건되어 법회(法會) 등을 위한 대강당으로 사용되고 있다. 정면의 어칸(御間)에 '설법전(說法殿)'과 '팔만경당(八萬經堂)'이라는 편액이 위아래로 2개 걸려 있다. 다포 건축으로 주칸에는 2구의 간포를 배치하였고 두공이 견실하여 안정감을 느낄 수 있다.

수선사는 최초에는 조계총림의 방장(方丈)인 보조 국사의 거실이었다고 하며, 고려시대에는 사찰을 '사(社)'라고도 부르는 경우도 많았던 것으로 보아 송광사의 전신(前身)으로 보아야 할 것이다. 그러나 조선조 말기에는 조사전(祖師殿)으로 사용되었고, 당시의 주지인 해은(海隱) 대사가 33조사(祖師)의 영정(影幀)을 이곳에 봉안하였으나 1951년의 화재로 모두 소실되었다.

현재의 건물은 1969년에 재건된 정면 6칸, 측면 4칸의 큰 건물이다. 송광사의 명실상부한 선방으로 많은 선객(禪客)들이 상주하고 있으며, 일체 외인의 출입을 금지하고 있는 곳이다. 조사전으로 사용

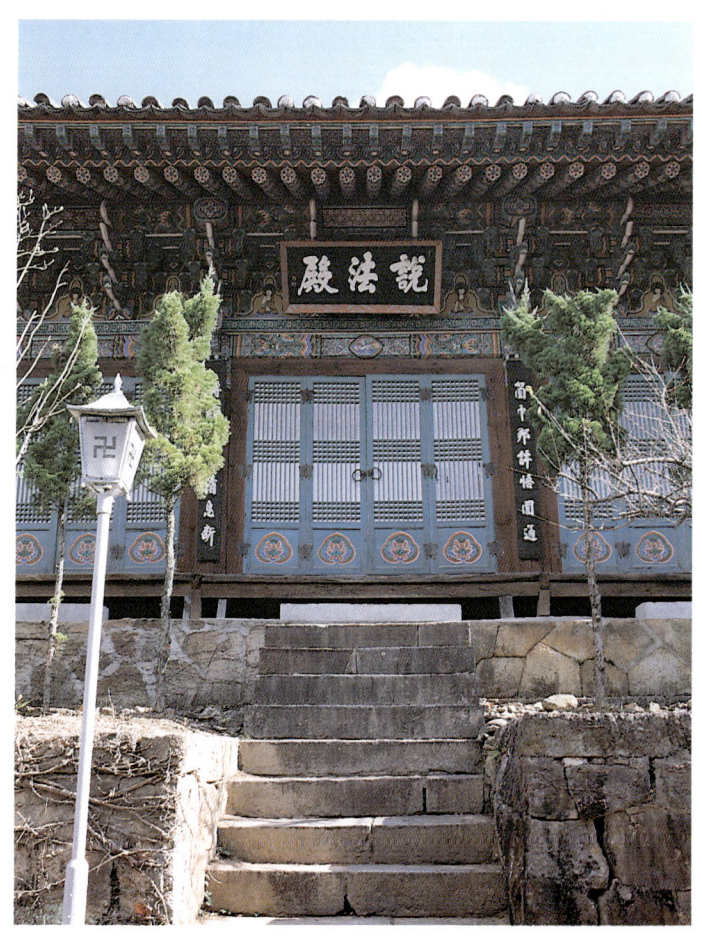

설법전 원래는 팔만대장경을 봉안하던 곳이었으나 화재로 건물과 팔만대장경이 소실
되었고 현재의 건물은 1968년 재건된 것으로 법회 등을 위한 대강당으로 사용되고
있다.

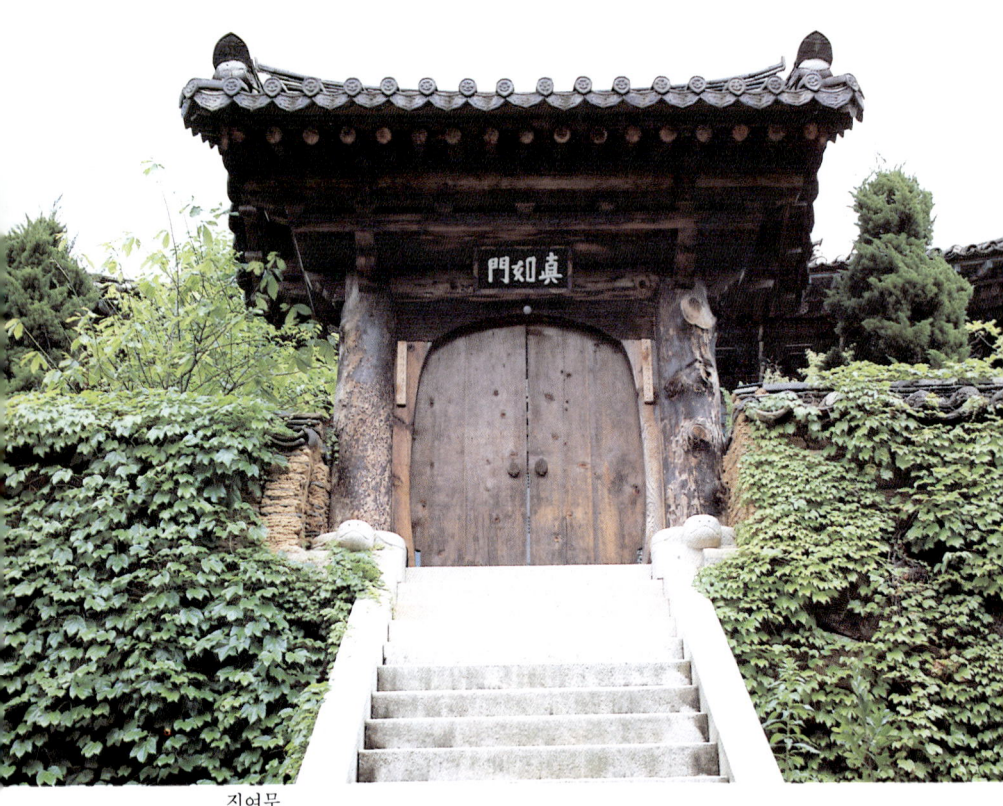

진여문

되던 때에는 정면 3칸, 측면 2칸의 규모로 중앙칸이 좌우 협칸보다 상당히 큰 팔작지붕으로 되어 있었다.

삼일암(三日庵)·하사당(下舍堂)·응진당(應眞堂)

삼일암은 제9대 국사인 담당 국사(湛堂國師)가 이곳의 물을 마시고 3일 만에 도를 깨우쳤다고 하여 이러한 당호(堂號)가 붙여지게 되었는데, 원래는 상사당(上舍堂)이라고 하였다. 현재 선방으로 사용되고 있는 수선사가 세워지기 전에는 이곳이 하사당과 함께 선방으로 사용되었다고 한다. 정면 3칸, 측면 2칸의 단층 팔작지붕으로서 건물의 건립 연대를 고증할 사료가 없으나 건물의 양식으로 보아 하사당과 같은 시기에 건립된 것으로 생각된다. 「송광사지(松廣寺誌)」에 의하면 철종(哲宗) 7년(1856) 봄에 중수하였다고 하는데, 당시의 중수 규모 역시 정확히 알 수 없다.

하사당은 보물 제263호로 지정되어 있는 특수한 건물로서 건축 양식이 국사전과 동일하여 조선 초기의 건물로 생각된다. 삼일암과 더불어 선방으로 사용되기도 하였으나 조선 말기에는 수선사 선객들의 공양처(供養處)로 사용되있다. 일종의 승방(僧房) 건축으로서 주거 건축과 유사한 평면 구조를 보이고 있으며, 그 건축 양식이 조선 초기의 수법을 따르고 있는 주심포 양식으로 희귀한 유구이다. 정면 3칸(26.3척), 측면 2칸(15.8척)으로 1고주 5량의 구조로 되어 있으며, 이웃한 삼일암이 팔작지붕인 것에 비하여 하사당은 맞배지붕으로 되어 있다. 왼쪽 2칸은 전면에 툇마루가 있는 온돌로 되어 있고, 오른쪽 1칸은 부엌으로 되어 있다. 온돌방의 천장은 종이로 마감한 지반자로 되어 있고 부엌은 내부에서 보아 지붕 가구가 드러나는 연등천장으로 되어 있다. 부엌의 상부 지붕에 구멍을 내고

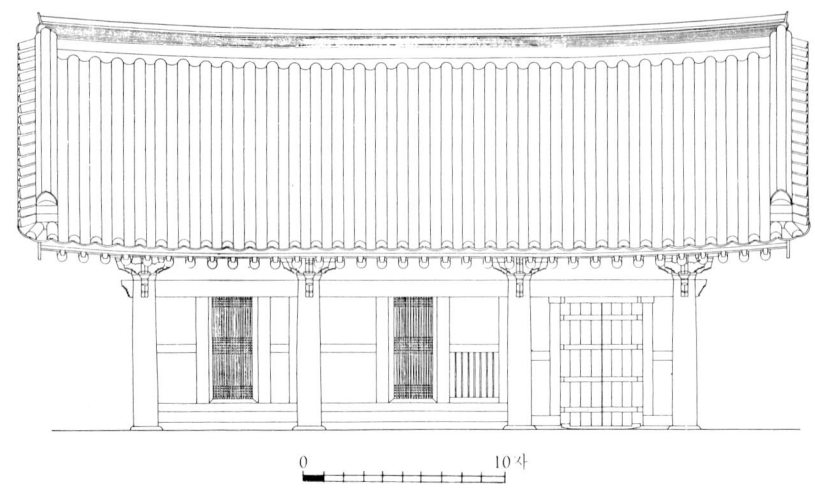

하사당 종단면도

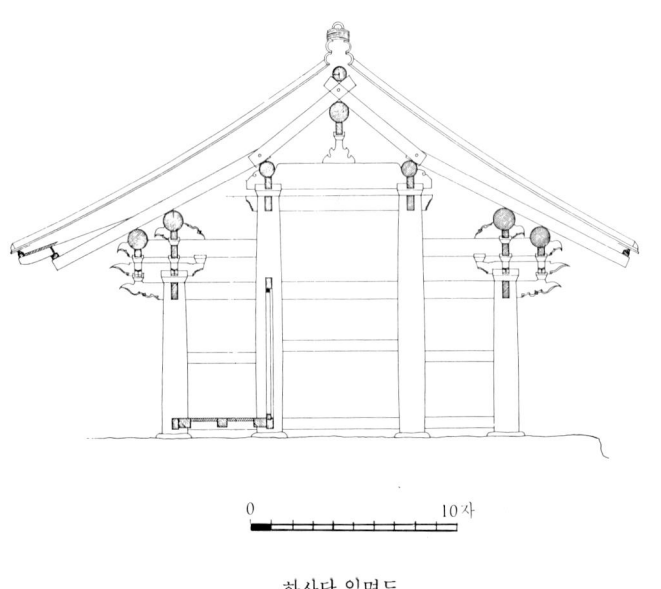

하사당 입면도

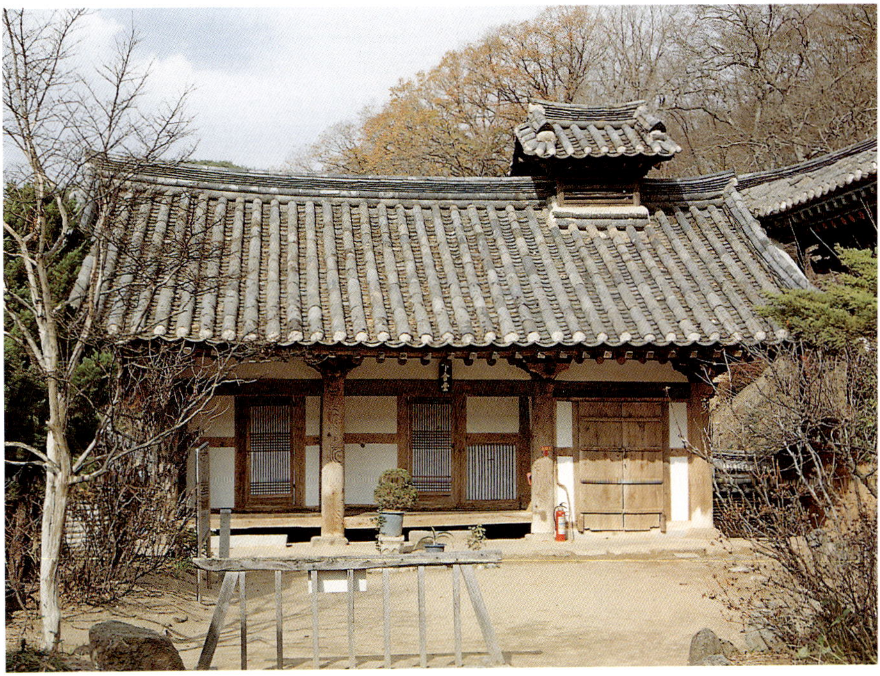

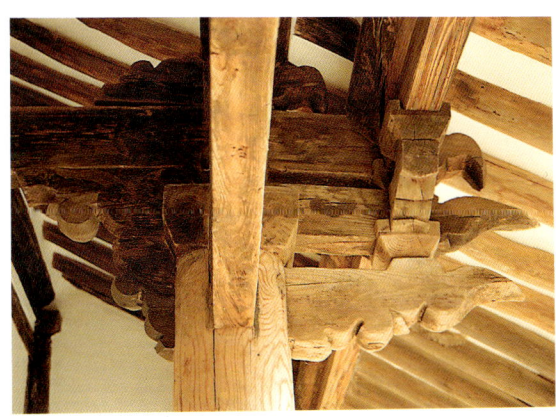

하사당과 공포 보물 제263호인 하사당은 우리나라에서 제일 오래 된 요사채로 오른쪽 부엌의 상부 지붕에 구멍을 내어 솟을지붕형식으로 환기공을 장치한 특이한 건물이다. (위, 왼쪽)

그 위에 조그만 솟을지붕의 형식으로 환기공(換氣孔)을 장치한 특이한 모습을 하고 있다.

하사당과 삼일암의 뒤쪽에 위치한 응진당은 인조(仁祖) 원년(1623)의 건물이라고 하지만 고증할 사료가 없으며, 다만 「송광사지」에 철종 6년(1855)에 기와를 다시 입혔다는 기록이 있어 그 이전의 건물로 생각된다. 정면 3칸, 측면 2칸의 아담한 건물로 맞배지붕이다. 그 내부에는 석가여래와 그의 제자 16나한(羅漢)을 봉안하였는데, 그들 나한의 모습이 각양각색으로 되어 있어 퍽 재미있다. 응진당의 바로 옆에는 향적전(香積殿)이 있다.

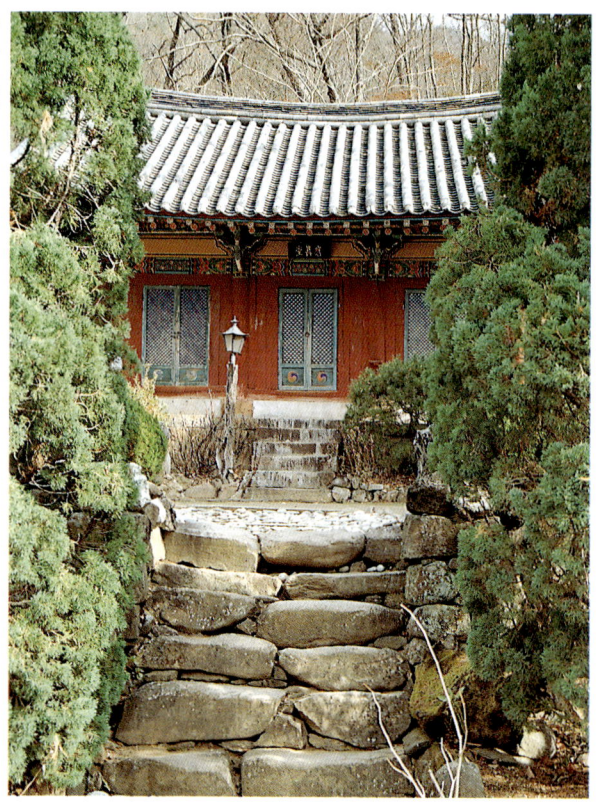

응진당 석가여래와 16나한을 봉안한 곳으로 정면 3칸, 측면 2칸의 아담한 건물이다.

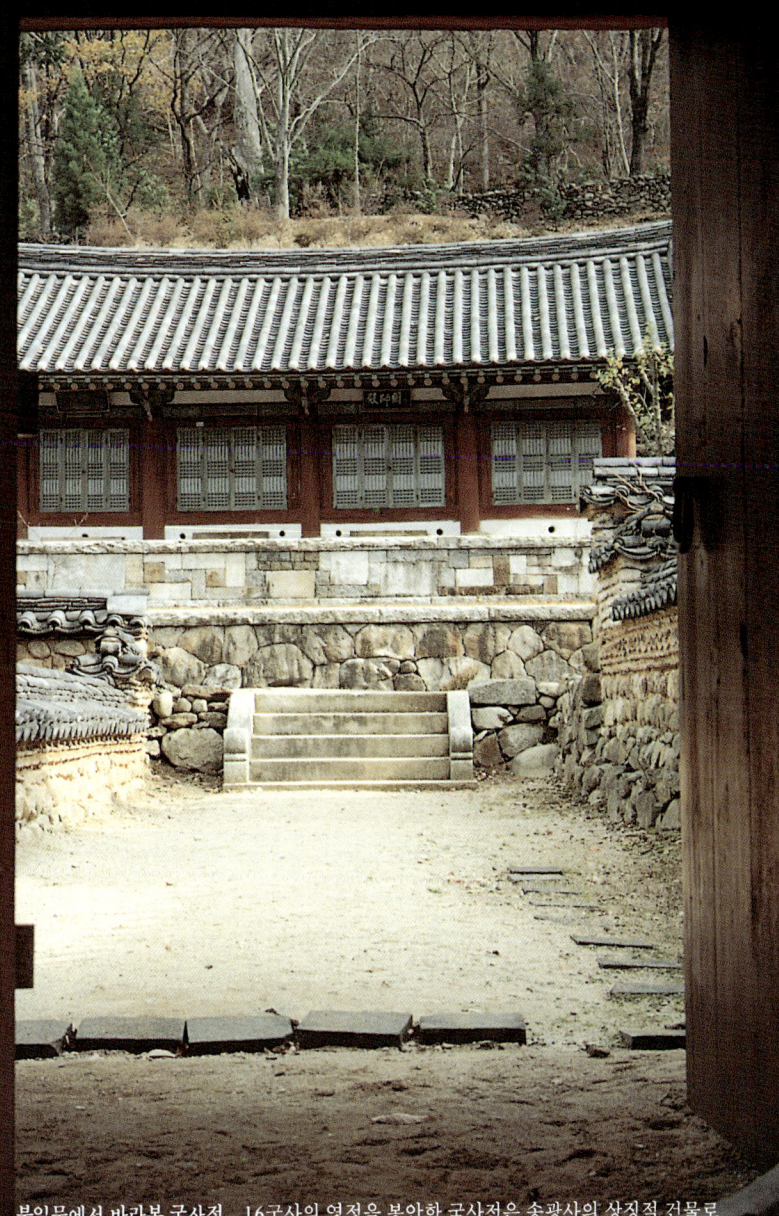

불일문에서 바라본 국사전 16국사의 영정을 봉안한 국사전은 송광사의 상징적 건물로
서 석조 기단이 특이하다.

국사전(國師殿)·진영당(眞影堂)

대웅전 뒤 석축 위에 위치한 건물들은 대개가 선(禪)을 행하는 수선의 도량이며, 특히 설법전과 수선사는 이러한 목적에 의하여 지어진 대표적인 건물이라고 할 수 있다. 이러한 성격과는 조금 다르지만 송광사의 대표적인 건물이 이곳에 있는데, 국사전과 진영당이 바로 그러한 건물이다.

국사전은 승보 사찰 송광사의 상징적 건물이다. 고려시대에 왕으로부터 국사의 칭호를 받은 15인의 국사와 조선시대에 그 공덕이 지난날의 국사와 같다고 하여 종문(宗門)에서 국사의 칭호를 붙인 고봉 화상(高峰和尙)을 합한 16국사의 영정을 봉안하고 그들의 덕을 기리기 위하여 건립된 전각이다.

1951년의 화재에도 국사전만은 화재를 피할 수 있었는데, 이는 이곳에 봉안되어진 국사들의 법력(法力)에 의한 것이라고 믿어지기도 한다. 국보 제56호로 지정되어 소중하게 보존되고 있는 이 건물은 조선 초기 목조 건축 연구에 귀중한 자료가 되지만 그 건립 연대를 확실히 알 수는 없다. 일본인 학자 삼산신삼(杉山新三)은 '여말선초(麗末鮮初)의 목조 건축(木造建築)에 관한 연구'라는 그의 논문에서 공민왕(恭愍王)대에 건립된 것이라고 하였으나 확실치는 않다. 또한「승평독지(昇平讀誌)」에 의하면 국사전은 여러 차례 중수·중건된 것으로 기록되어 있고, 그 가운데 가장 빠른 기록이 조선 정종(定宗) 2년(1400) 고봉 화상에 의한 중건인 것으로 보아 이보다는 빠른 시기에 지어진 것으로 본다. 그러나 그 이후 여러 차례의 중수 과정을 통하여 어느 정도 원형이 변형되었는가는 알 수 없다.

현재의 건물은 정면 4칸, 측면 2칸의 단층 맞배지붕으로 무고주 5량의 통칸 구조이다. 대부분의 전통 건물의 정면 칸수가 홀수인 것에 반하여 이 건물은 짝수인 4칸으로 되어 있어 특이한 입면 구성

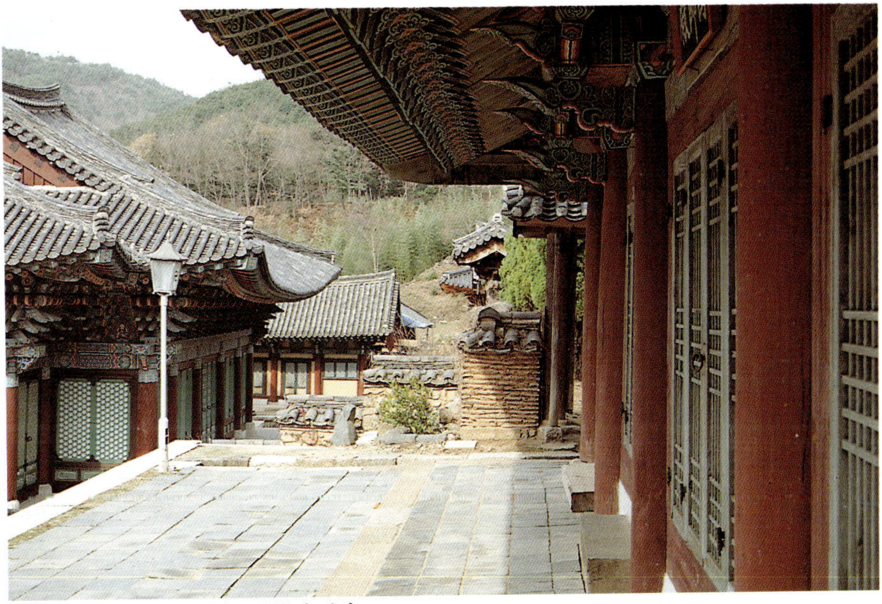

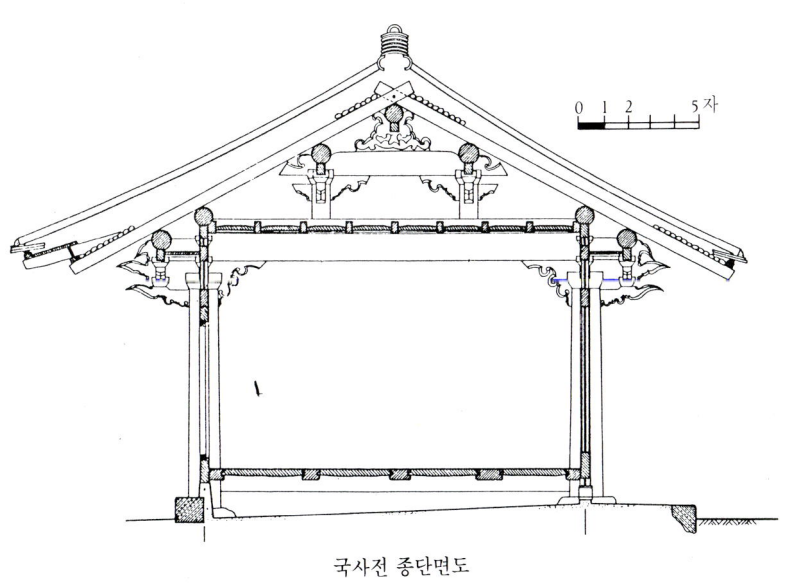

국사전 처마 아래에서 본 오른쪽의 경관

국사전 종단면도

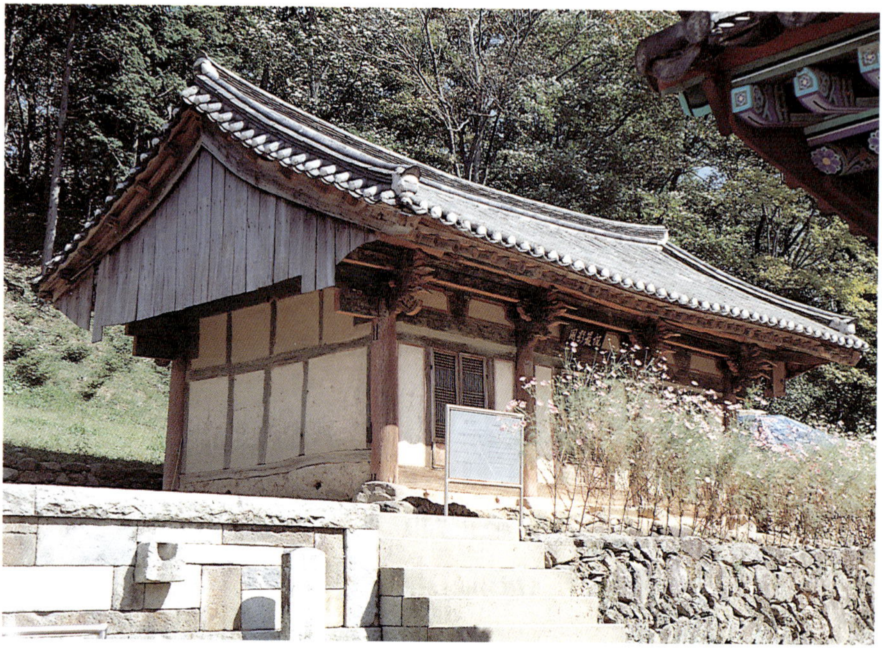

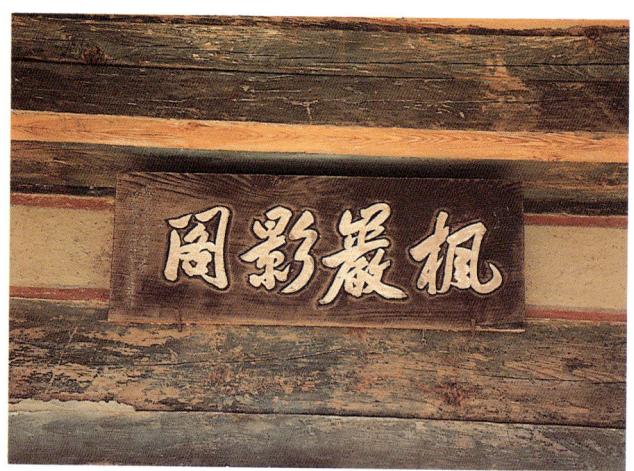

진영당과 편액 풍암 스님 문하승들의 영정을 봉안하고 있는 진영당은 그 편액이 '풍암 영각'이라 적혀 있다.(위, 아래)

을 보여 준다. 자연석의 초석 위에 민흘림의 기둥을 두었으며, 기둥 상부에 헛첨차를 끼우고 그 위에 소로와 행공첨차를 두어 외목도리를 받치도록 한 것은 앞서의 하사당과 거의 비슷한 구조이다. 건물 내부에는 우물마루를 깔아 놓았으며 상부에는 소란반자를 두어 천장을 장식하고 있다. 기둥의 높이와 처마의 깊이에 큰 차이가 없어 건물이 낮아 보이는 경향이 있다. 건물의 전면에는 매칸마다 세살로 된 네 짝 문을 설치하였다.

국사전의 옆에 위치한 진영당은 조선시대의 대승이었던 풍암 (楓巖) 스님의 문하승들의 영정을 봉안하고 있는 전각으로 그 성격은 국사전과 같다. 전각의 편액을 '풍암영각(楓巖影閣)'이라고 하였는데, 이는 조선시대 송광사의 대덕들은 거의 풍암 스님의 법손 (法孫)이기 때문이라 한다. 사찰의 기록에 의하면 철종 3년(1852)에 건립되었다고 한다. 정면 3칸, 측면 2칸의 단층 맞배지붕의 건물로서 국사전에 비하여 조촐한 분위기를 느낄 수 있다.

승방 건축

송광사에는 대웅전 일곽의 좌우로 대규모의 승방이 위치하여 중심 영역을 감싸고 있다. 대웅전의 남쪽으로는 법성료(法性寮), 해청당(海淸堂), 행해당(行解堂)이 위치하며, 북쪽으로는 임경당 (臨鏡堂), 문수전(文殊殿), 도성당(道成堂)이 위치하고 있다.

법성료는 천왕문의 남쪽, 침계루의 뒤쪽에 위치한 승방으로서 정조 15년(1791)에 세워졌으며 불교 강원(佛敎講院)으로 사용되었다. 지붕 위에 국사전과 마찬가지로 환기공이 설치되어 있다.

약사전과 영산전의 남쪽에 위치한 해청당은 현재 송광사에서 대중이 가장 많이 거처하는 승방이다. 큰방은 대중의 공양처로 사용되고 그 옆에는 객실이 있으며, 전체적으로는 'ㅁ'자형의 공간 구성을 하고 있다. 기록에 의하면 인조 18년(1640)에 창건되었다고 한다.

화재로 인하여 소실되었던 행해당은 규모가 축소되어 1988년의 중창 때 과거의 위치보다 조금 북쪽에 중건되었다.

임경당은 천왕문의 북쪽에 인접하여 있다. 'ㅁ'자형으로 건물의 일부가 전면으로 돌출되어 계류상에 다리를 드리우고 있으므로 우화각·침계루 등과 함께 훌륭한 경관 구조를 보이고 있다. 정조 21년(1797)에 건립되었다.

문수전 역시 승방으로 사용되는 대규모의 요사채로서 임경당과 함께 정조 21년에 건립되었으며, 건물 전면의 누각형 건물과 'ㄷ'자형의 배치를 하고 있다.

문수전의 앞에는 1938년에 세워진 도성당이 있다.

화엄전(華嚴殿) 일곽

송광사의 주요 전각이 위치한 영역의 남쪽으로 계류 건너편에는 화엄전을 비롯한 몇 개의 건물이 독립된 영역을 형성하고 있다. 그 가운데 대표적인 건물인 화엄전은 순조(純祖) 원년(1801)에 중수되었다는 기록만이 전할 뿐 다른 기록을 찾을 수 없다. 높은 석기단 위에 북향하고 있는 정면 3칸, 측면 2칸의 맞배지붕이며, 건축의 세부적인 양식으로 보아 조선 중기의 건축으로 추정된다. 화엄전과 나란히 북향하고 있는 불조전(佛祖殿)은 오십삼전(五十三殿) 또는 오십전(五十殿)이라고 불렀다.

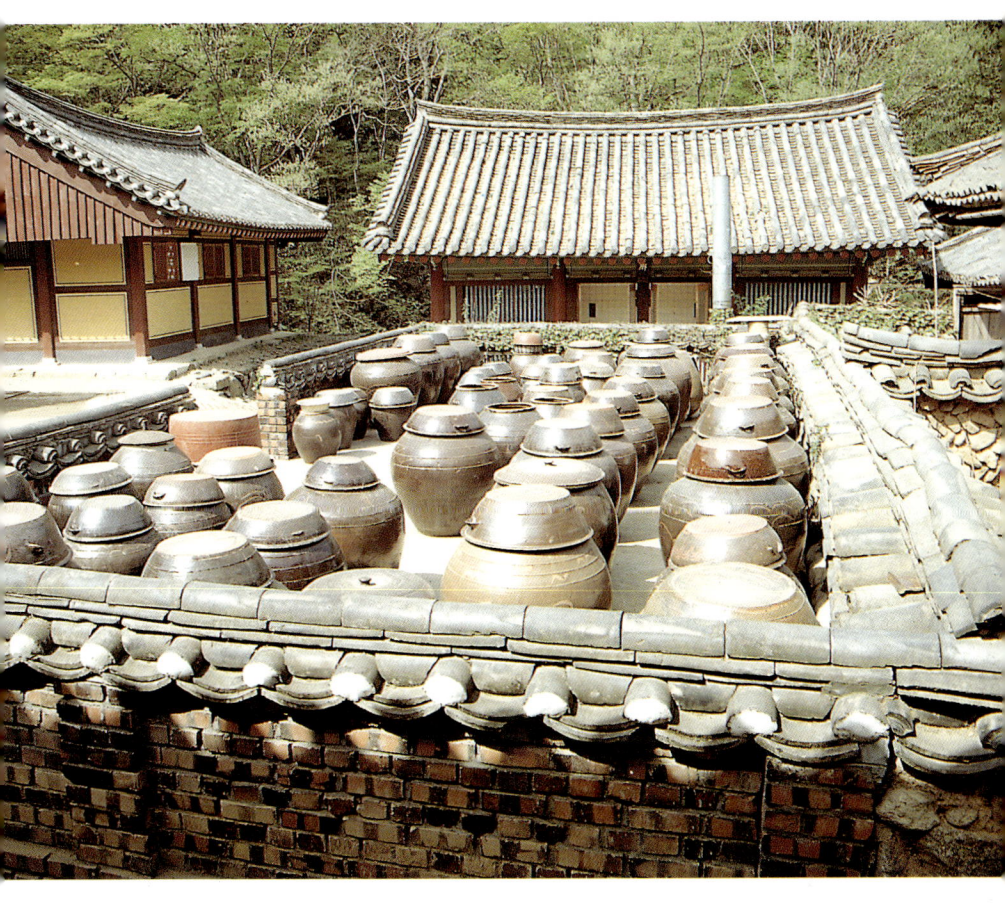

송광사 요사 장독대 송광사를 찾는 뭇대중들이나 스님들 먹을 양식의 기본이 되는
장은 우리나라에서 맛있기로 소문이 나 있다.

소실된 중요 건물

앞서 살펴보았듯이 송광사에는 오랜 시간의 흐름 속에서 소실되거나 멸실되어 버린 건물들이 수없이 많이 존재하였었다. 특히 다음에 살펴보게 될 건물들은 20세기에 들어서까지도 사역을 이루고 있던 건물로서「조선고적도보」에 실린 이들 건물의 사진을 통하여 전모를 조금이나마 찾아볼 수가 있어 이곳에 소개하고자 한다.

해탈문(解脫門)·법왕문(法王門)

현재의 하단 종고루의 위치에 있던 해탈문은 건축 연대는 불분명하지만 건축적으로 주목할 만한 건물이었다. 정면 3칸, 측면 2칸의

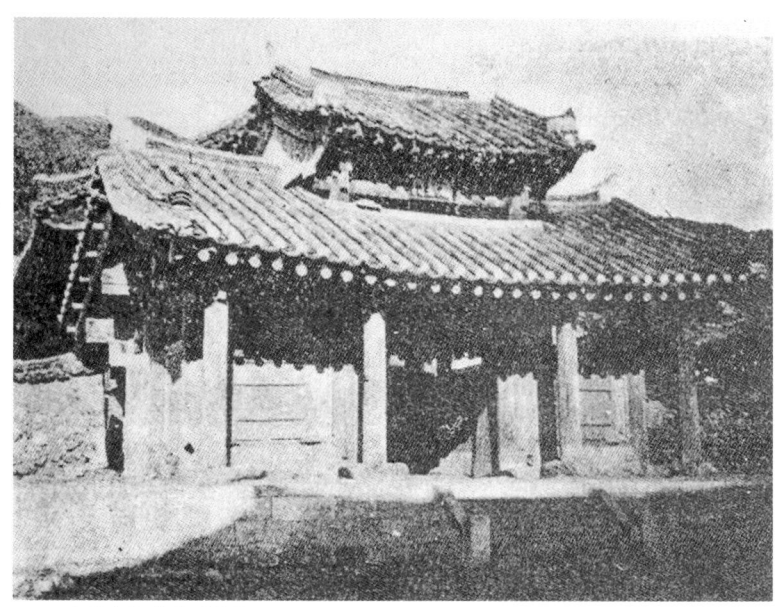

소실되기 전의 해탈문

맞배지붕으로 중앙의 어칸(御間)이 통행에 사용되었다. 1고주 5량의 구조로 두공(頭工) 없이 보와 도리가 기둥 위에 짜여지고, 중앙 어칸의 1칸만을 솟을지붕 형식의 중층 구조로 만들었다. 「송광사성공중창록(松廣寺成功重刱錄)」에 의하면 경종(景宗) 2년(1722)에 중수, 개채되었다고 한다.

대웅전 전면으로 종고루와의 사이에 위치하였던 법왕문은 다른 사찰에서라면 탑이 있어야 할 장소에 위치하였던 특이한 성격을 지닌 문으로 보여진다.

정면과 측면 모두 3칸인 단층의 맞배지붕으로 내부에 기둥을 두지 않은 무주 공간(無柱空間)을 만들었고, 좌우의 벽체가 있는 것을 제외하고는 문도 설치하지 않아 트인 공간을 구성하였었다. 불교에서는 본래 석가여래를 법왕(法王)이라고 하기도 하는데, 이 문을 통과하면 진리의 주인공인 부처님을 봉안한 대웅전에 바로 도달할 수 있다는 뜻에서 만들어졌던 것으로 생각된다.

청운당(青雲堂)·백설당(白雪堂)·차안당(遮眼堂)

이들 건물들은 상단에 위치한 설법전과 수선사의 전면으로 비교적 정연한 배치 구조를 이루고 있었다.

설법전의 전면 우측에 설법전의 축과 직각으로 배치되어 있던 청운당은 정면 3칸, 측면 1칸의 작은 건물로 단층의 맞배지붕이었다. 설법전의 부속 건물로 왼쪽의 2칸에는 온돌을 들이고 오른쪽 1칸은 부엌으로 되어 있어 하사당, 삼일암과 마찬가지로 주거에 적합하도록 계획되었던 건물이었다.

백설당과 차안당 역시 청운당과 비슷한 성격의 건물로 규모와 평면 구성이 청운당과 비슷하였다.

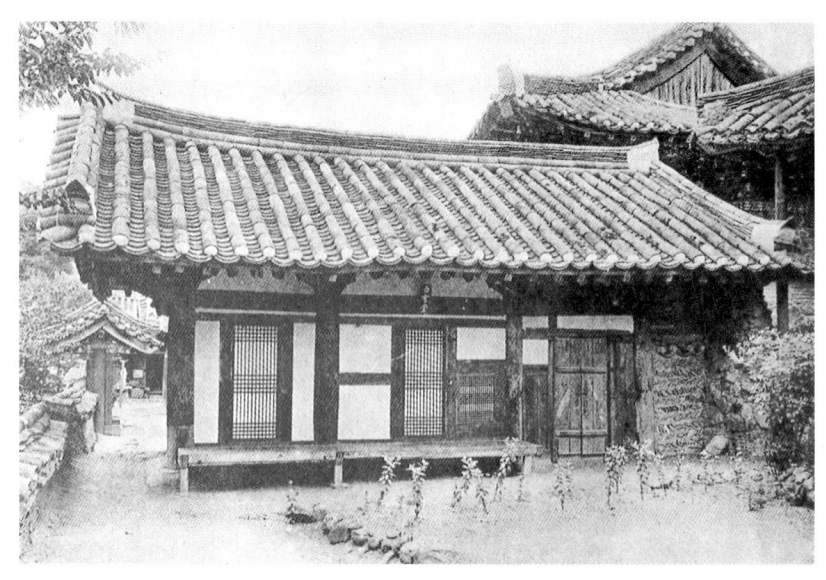

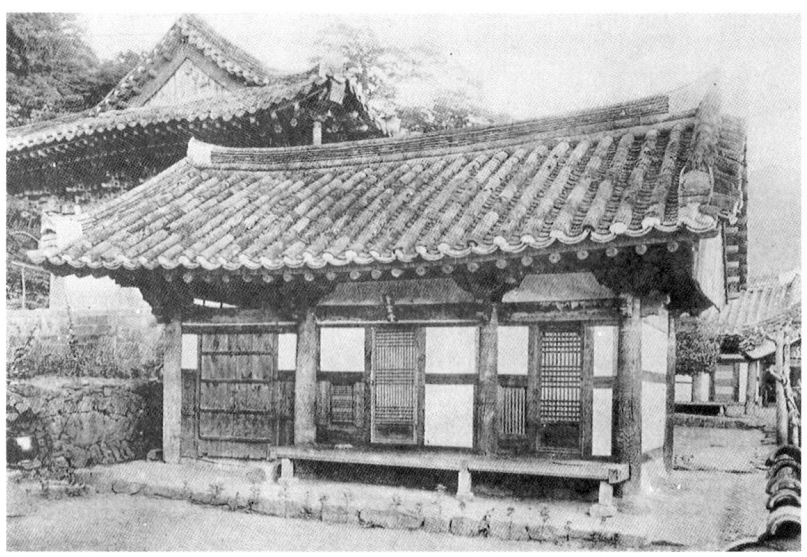

소실되기 전의 백설당(위)과 청운당(아래)

송광사의 유물

　송광사는 보조 국사(普照國師) 지눌의 향기만큼이나 많은 불교 문화의 향취와 문화적 유산을 우리에게 남겨 주고 있는 사찰이다.

　먼저 이들 문화 유산의 내용을 살펴보면 국보급으로는 제42호 목조삼존불감(木彫三尊佛龕), 제43호 '고려고종제서(高麗高宗制書)', 제56호인 국사전(國師殿)이 있으며, 보물급으로는 먼저 경전으로 제90호 「송광사대반열반경소권제9(松廣寺大般涅槃經疏卷第九)」 1책, 제204호 「송광사묘법연화경관세음보살보문품삼현원찬과문(松廣寺妙法蓮華經觀世音菩薩普門品三玄圓讚科文)」 1책, 제205호 「송광사대승아비달마잡론소(松廣寺大乘阿毘達磨雜論疏)」 1책, 제206호 「송광사묘법연화경찬술(松廣寺妙法蓮華經讚述)」 1책, 제207호 「송광사금강반야경소개현초(松廣寺金剛般若經疏開玄鈔)」 1책이 있다. 또한 이상의 경전말고도 보물급으로는 제572호 '고려시대문서' 2축이 있는데 '수선사형지기(修禪社形止記)' 1축과 '노비첩(奴婢帖)' 1축이 그것이다. 또한 제134호 '경질(經帙)' 2매, 제175호 송광사 '경패(經牌)' 43개, 제176호 송광사 '금동요령(金銅搖鈴)' 1개가 있다.

건축 쪽에서는 국사전 이외에도 보물 제263호 하사당(下舍堂), 제302호 약사전(藥師殿), 제303호 영산전(靈山殿) 등이 있다. 그러나 이러한 건축물은 앞에서 거론되었으므로 여기서는 제외코자 한다.

이러한 유물 이외에도 송광사는 국사전의 보조 국사 영정을 비롯하여 송광사가 배출한 고려시대의 15명 국사와 조선시대 배불숭유의 정책 아래 국사 제도가 폐지된 뒤에도 그 공덕과 법력(法力)이 가히 국사와 같다고 하여 불교 종문에서 국사로 추존한 고봉화상(高峯和尙)의 영정까지 합해 16국사 영정을 비롯하여, 옹정(雍正, 1723~1735년), 건륭(乾隆, 1735~1795년) 연간에 그려진 많은 탱화가 있다.

목조삼존불감(木彫三尊佛龕)

앞서 밝힌 바와 같이 국보 제42호인 이 목조삼존불감은 송광사를 개창(開創)한 보조 국사 지눌이 지니고 다녔다고 전해지는 유물이다. 현재 우리나라에 전해지고 있는 불감은 고려의 것이 많고 또한 이들 고려 불감은 대개가 금동불이다.

이에 비해 이 불감은 목조이며 양식적으로도 당나라 불상 양식을 강하게 반영하고 있고 당시의 신라 불상과도 다른 특징을 보여 주고 있다. 또한 이와 유사한 양식으로 일본의 고야산(高野山) 금강봉사(金剛峯寺) 소장의 목조삼존불감이 있어 송광사 목조삼존불감이 당불이라는 견해가 강하게 대두되고 있다.

이러한 견해를 뒷받침하는 중요한 원인은 일본의 진언종(眞言宗)의 창시자인 쿠우카이(空海)가 견당사(遺唐師)로 당(唐)에 갔다가 806년 귀국하면서 이 금강봉사의 목조삼존불감을 가지고 왔다는

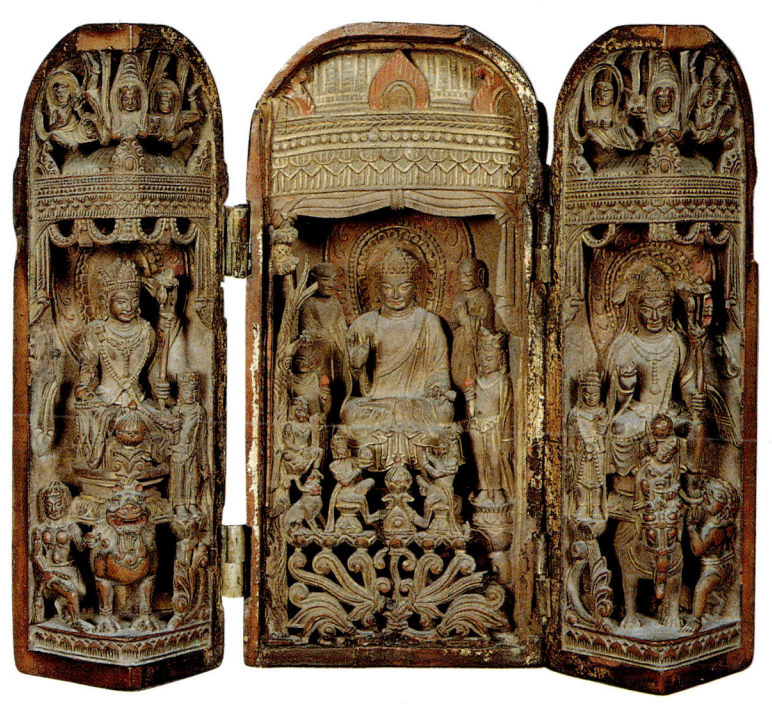

목조삼존불감　보조 국사 지눌이 항상 지니고 다니던 불감으로 국보 제42호로 지정되어 있다. 이 불감은 중앙에 불좌상과 그 좌우에 나한과 보살상이 조각되어 있는 것으로 매우 작으면서도 그 속에 조각된 상들은 원형 조각에 가까울 만큼 고부조이며 세부 묘사가 정확하고 정교하여 우수한 조각 기술을 보여 주고 있다. 높이 13.9센티미터.

설에 의해 금강봉사의 목조삼존불감이 당불이라고 보기 때문이다.

목조삼존불감은 높이 13.9센티미터, 폭 7.0센티미터의 작은 불감으로 가운데는 여래 양쪽에 문수·보현보살이 따로 불감되어 있다. 문비(門扉)를 열면 세 개의 삼존불감이 되고 닫으면 원통형이 된다.

먼저 여래가 조각된 불감은 원통의 반을 그대로 살려 불감을 만들었고, 협시의 두 보살이 조각된 양쪽 날개의 불감은 원통의 반을 다시 양분하여 4분의 1이 된 나무토막을 그대로 살려 불감을 만들었기 때문이다.

양쪽 날개의 불감인 문수·보현의 불감은 4분의 1의 나무토막을 그대로 살리기 위해 아래와 위쪽을 가운데가 튀어나온 불감으로 만듦으로써 가운데 불감과 경첩으로 연결된 부분을 닫으면 그대로 원통의 형상이 되게 만들어져 있다.

가운데 불감

여래상 먼저 가운데 여래상이 조각된 불감을 살펴보자.

이 불감의 여래상은 석가모니불로서 위쪽에는 천개(天蓋)를 만들고 있다. 천개 맨 위쪽에는 세 개의 화염문(火炎紋)이 있고 천개의 바로 아래쪽에는 걷어 올린 장막이 유려한 솜씨로 조각되어 있다.

이와 같이 만들어진 감(龕) 속에 여래와 여러 상들이 조각되어 있다. 이는 여래를 가운데 안치하고 그 주변에 승형보살, 공양상, 사자상들이 조각되어 있음을 의미한다. 그리고 맨 아래쪽에는 고사리 형상의 초문(草紋)이 투각되어 있다. 이는 천개와 함께 양쪽 날개의 불감을 닫을 때 평면으로 닫히게 하는 역할을 해준다.

먼저 여래상을 살펴보면 통견의(通肩衣)에 결가부좌(結跏趺座)를 하고 있다. 육계(肉髻)는 대단히 낮고 나발(螺髮)이나 목의 삼도(三道)·납의(納衣) 그리고 두 줄로 새겨서 표현한 의습(衣褶;옷주름)은 도식적이다. 그러나 얼굴과 시무외인의 오른손은 아주 자연스럽다. 왼손은 제일지(第一指)와 제삼지(第三指)가 무엇인가를 쥐고 있었던 것 같은 형상을 하고 있다.

여래를 중심으로 하여 새겨진 다른 상들 가운데 맨 위쪽 여래 좌우의 승형(僧形)은 가섭(迦葉)·아난(阿難)으로 보인다. 가섭은 보주를 쥐었고 아난은 합장을 하고 있다. 그 아래쪽으로 보살상이 좌우로 조각되어 있는데 이들은 각각 연꽃을 쥐고 있다. 그리고 오른쪽에는 보살 아래쪽으로 사자상이 조각되어 있으며 여래의 발 아래쪽으로는 2구(二軀)의 공양상이 조각되어 있다. 이들 공양상과 오른쪽 가장 하단에 위치한 사자상 그리고 왼쪽의 보살상은 각각의 연화좌 위에 놓여 있다. 이들 연화좌는 아래쪽의 고사리같이 생긴 초문의 위쪽에 잇대어 있다.

양쪽 날개의 불감

양쪽 날개의 불감은 오른쪽에는 문수보살(文殊菩薩)이, 왼쪽에는 보현보살(普賢菩薩)이 조각되어 있다. 양쪽 날개에 해당하는 이들 두 개의 불감은 천개와 아래쪽 단의 중앙부가 돌출되게 조각되어 있어서 앞서도 말한 바와 같이 닫을 때 두 조각이 모여 반원통이 되게 만들어져 있다.

이들 불감의 천개 위쪽은 양쪽 모두 3구(三軀)의 비천상이 조각되어 있다. 돌출된 가운데는 정면향의 비천이 있고 양쪽의 비천은 이 중앙의 비천을 향하고 있는 형상을 하고 있다. 이들 비천은 천개에 연이은 세 개의 연화 위에 조각되어 있는 게 특징이다. 천개의 바로 아래쪽에는 반원형을 이루며 늘어진 네 개의 보주로 장식되고 양옆으로는 장막의 자락이 드리워져 있다.

문수보살   오른쪽 불감 속에는 문수보살이 조각되어 있는데 사자좌 위에 정면향으로 조각되어 있다. 보관은 화만형(華鬘形)이다.

광배는 가운데 불감의 여래에서 보여 주는 광배 양식과 같다. 영락은 삼도(三道) 아래쪽에 둥근 형으로 장식되고 어깨에서 흘러내려 가슴 아래쪽에서 X자로 교차되는 이중의 구조를 하고 있다. 그리고 오른손에는 긴 연화를 들고 있고 왼손은 무릎에 올려 놓고 있다. 연화를 든 왼손의 아래쪽으로 보살이 조각되어 있고 사자좌의 오른쪽에는 시자(侍者)가 조각되고 있다.

보현보살 왼쪽 불감의 보현보살은 보관이 삼엽형(三葉形)인 것과 보현보살의 상징인 코끼리좌에 앉아 있다는 점, 작은 보살이 시무외인의 오른손 아래 있다는 점이 다르다. 그 밖에는 거의가 비슷한 구도와 특징을 보여 주고 있다.

이들 양쪽 날개의 불감 역시 가운데 불감과 마찬가지로 단순하지 않는 구도를 가지고 있으며 조각 솜씨 역시 빼어나다. 안면을 조각한 솜씨는 거의 같다.

남방계 영향을 강하게 반영하던 당불 양식이라는 설도 있다. 그러나 이 불감은 어떤 경로를 통해 보조 국사 지눌의 손에 들어오게 되었는지 이에 대한 기록이 없어 알 수 없을 뿐만 아니라 일본 금강봉사의 목조삼존불감과 같은 양식이라 할지라도 이것이 정확한 당불인지 어떤지도 알 수 없다. 단지 작은 불감 속에 다양한 인물들이 정교하게 조각된 솜씨가 놀라울 뿐이다.

고려고종제서(高麗高宗制書)

이 '고려고종제서'는 국보 제43호로서 길이 330센티미터, 폭 36센티미터의 축(軸)으로서 꽃무늬가 놓인 비단 바탕에 쓴 고려시대의 귀중한 고문서이다.

고려 고종 2년인 1215년 보조 국사 지눌의 정혜결사(定慧結社)

의 정신을 이어받아 뒤에 수선사(修禪社) 제2세(第二世)가 된 혜심(慧諶) 진각 국사(眞覺國師)에게 왕이 대선사(大禪師)를 제가(制可)한 원문(原文)이다.

이 제서에는 주로 혜심의 학문과 덕망이 찬양되고 대선사의 시행 년월일까지 상세히 기록하고 있어 고려시대의 선사·대선사 제도의 일면을 충분히 엿볼 수 있는 좋은 자료이다. 특히 말미에는 최홍윤(崔洪胤) 이하 직사봉행자(職事奉行者)들의 관직과 수결(手決;사인) 등이 있어 고려시대 제서(制書)의 양식을 아는 데도 중요한 자료라고 할 수 있다.

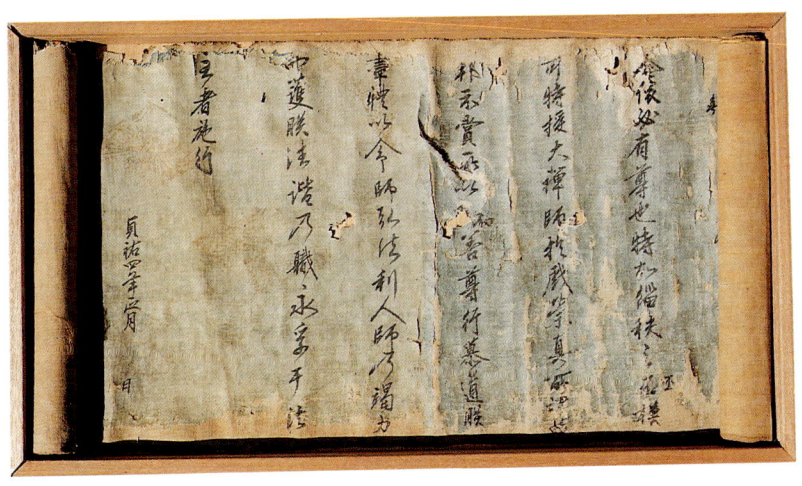

고려고종제서 고려 고종이 혜심 진각 국사에게 대선사를 제가한 원문으로 국보 제43호인데 고려시대의 선사·대선사 제도의 일면을 엿볼 수 있는 좋은 자료가 된다.

고려시대 문서 2축(高麗時代文書 二軸)

이들 2점의 고려 문서는 보물 제572호로서 이것 역시 고려의 시대상과 수선사를 이해하는 데 중요한 자료이다.

수선사형지기(修禪社形止記)

'수선사형지기'는 제목이 붙어 있는 첫머리가 훼손되어 편의상 이렇게 이름을 붙인 것으로 한 행(一行)이 30자 내지 20자 정도 적어 내려간 길이 610.0센티미터, 폭 59.0센티미터 크기의 닥지에 쓰여진 문서로서 장축(長軸)의 권본(卷本)이다.

내용은 보조 국사의 비문과 조계산수선사중창기(曹溪山修禪社重刱記)와 복전수(福田數)라 하여 승려의 숫자와 절의 재산 목록을 싣고 있는데, 맨 마지막에는 "창권지사윤(唱權知司尹)(手決, 사인이 보임) 준사력승임향심(准司歷承任鄕沈)(手決, 사인이 보임)"이라는 기록이 있어 관인 두 사람의 관직과 성씨가 쓰여지던 이러한 문서의 양식을 알 만하다. 연대는 임창순의 '송광사의 고려문서'(白山學報 제11호)에 의하면 고려 고종 8년에서 21년(1221~1234)으로 규정하고 있다.

노비첩(奴婢帖)

'노비첩'은 길이 66센티미터, 폭 57센티미터의 크기이다. 지원(至元) 18년이라는 원 세조의 연호를 사용하고 있어 고려 충렬왕 7년(1281)의 문서임을 알 수 있다.

보존 상태가 좋아 내용을 판독할 수 있을 정도이다. 내용인즉 "수선사의 제5세 사주(寺主)인 내노(乃老) 원오 국사(圓悟國師)가 작성한 것으로 갑인년(1254)에 국가에서 처형 또는 유배형에 처한 관노와 장군가의 노비들을 개인에게 나누어 주었는데 당시

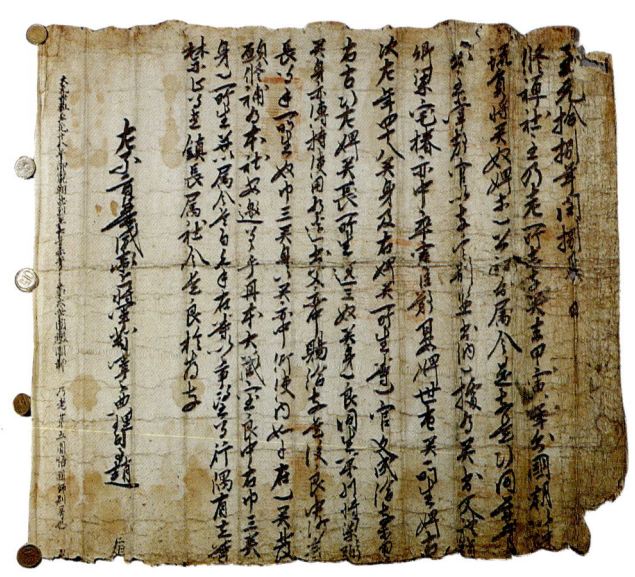

고려시대 문서 가운데 노비첩 보물 제572호로 지정된 고려시대 문서는 2축인데 그 하나가 수선사형지기이고 다른 하나는 노비첩이다. 노비첩은 백지에 먹으로 쓴 것으로 당시 수선사의 규모를 비롯해서 노비 제도 등을 이해하는 데 귀중한 자료가 된다.

예빈경(禮賓卿)이었던 원오 국사의 생부 양택춘(楊宅椿)에게도 최씨 가문에 의해 처형당한 정안(鄭安)의 고차좌(古次左) 등이 급여되었다. 고차좌의 장남은 원오 국사의 동생 양필(梁弼)에게 물려주고 출생부에게 나누어 준……(이하는 판독이 어려움)…… 유년(留年)의 소생인 노비 건삼(巾三)은 원오 국사에게 물려주었는데 이를 수선사에 예속시켜 원오 국사가 발원 보수한 거란본대장경(契丹本大藏經)을 지키도록 하고 그의 자식들까지 예속시키며 만약 이탈하는 경우가 있으면 영구히 수선사에 예속시킬 것이다."

라고 적고 있다.

여기에서 관심을 가질 것은 당시 거란본대장경이 수선사에 있었다는 점과 주살(誅殺)을 당한 관료의 노비는 공사에 복속시킨다는 좋은 예를 찾아볼 수 있다. 또한 출가승에게도 노비를 물려주었다는 점과 원오 국사는 이를 사유(私有)로 하지 않고 수선사에 부속시켰다는 점 등은 고려시대의 사회상과 노예 제도를 연구하는 데 좋은 자료라 하지 않을 수 없다.

이 '노비첩'은 수선사와 거란본대장경과의 관계와 문종(文宗) 때 요(遼)의 도종(道宗)이 계속 보내 온 거란본대장경이 보관된 장소 등을 연구하는 데도 좋은 자료가 될 것이다. 이 '노비첩'은 초서로 쓰여졌다. '수선사형지기'와 '노비첩'은 전부가 지본묵서(紙本墨書)인데 종이는 닥지이다.

목판대장경(木版大藏經)

송광사에는 많은 목판대장경과 경판들이 있다. 이 가운데에서 보물로 지정된 5책은 모두가 고려시대 목판대장경들을 조선시대 세조 때 간경도감(刊經都監)에서 번각(翻刻)한 목판본들이다.

이들 5책의 장경들은 요(遼)의 대안(大安)·수창(壽昌) 연간에 제작된 것임을 밝히는 '말서(末書)'가 있어 고려 선종(宣宗)·숙종(肅宗) 때에 제작된 것임을 알 수 있다. 특히「송광사대반열반경소」의 '말서'에는 의천 대각 국사가 직접 교감(校勘)한 것임을 밝히고 있고 이들 장경이 흥왕사의 교장도감(校藏都監)에서 간행된 것임도 밝히고 있다.

또한「송광사금강반야경소개현초」에서는 수창 4년 곧 요의 도종(道宗) 연도가 있어 고려 숙종 3년(1098)에 간행한 것임을 밝히고 있으나 그 아래쪽에 다시 '천순(天順) 5년'이라는 명(明)의 연호가 적혀 있고 '조선국간경도감봉교중수(朝鮮國刊經都監奉教重修)'라고 적고 있어 고려 숙종 때 제작된 속장경(續藏經)이 세조 6년(1462)에 번각(翻刻)된 것임을 밝혀 주고 있다. 이로 인해 송광사의 대안, 수창 연간의 말서가 있는 다른 대장경은 고려시대 흥왕사의 교장도감에서 간행된 것을 세조 때 간경도감에서 번각한 것들임이 더욱 명확해진다.

「송광사금강반야경소개현초」에서는 의천 대각 국사가 직접 교감하지는 않았지만 당시로서는 고승 대덕들이었다고 여겨지는 통오 대사(通奧大師) 상원(尙源)을 비롯하여 자응 대사(慈應大師) 융관(融觀), 혜소 대사(慧炤大師) 자현(慈顯) 등에 의해 교감되었다는 사실을 적고 있어 당시 교감승(校勘僧)들이 어떠한 위치에 있었던 승려들인가도 말해 주고 있다.

서자(書者)들에 대해서도 이들 경전에서는 자세히 적고 있어「고려사경(高麗寫經)」에서 밝혀지지 않고 있는 사경원(寫經院)의 서자들에 대해서도 짐작을 가능케 해주고 있다. 이들 서자들은 대개가 임시직으로 송광사의 교장도감에 와서 일한 경우와 사경원의 서자로서 일한 경우가 있다.

이러한 말서들을 종합해 볼 때 고려시대의 장경각(藏經閣)의 실체를 파악할 수 있으며 더 나아가서는 사경원의 성격도 규명될 수 있을 것으로 본다.

고려 현종(顯宗) 때 초조장경(初彫藏經)이 완성된 뒤, 이들 대장경이 완성되던 숙종조에 이르기까지 논(論), 소(疏)들이 계속적인 사업으로 이어져 왔다는 사실도 이들 장경을 통해 충분히 짐작할 수 있다. 이러한 사업에는 목판 기술의 신장도 한몫을 했을 것이라 생각한다.

이미 정종(靖宗) 11년(1045) 비서성(秘書省)에서 '예기정의(禮記正義)' 70본과 '수시정의(手詩正義)' 40본을 신간(新刊)해 1본은 어서각(御書閣)에 장치하고 여분은 문신들에게 하사하였다는 「고려사」의 기록이나 문종(文宗) 12년(1058) 충주목(忠州牧)이 새로 조성한 많은 목판을 올렸고, 또 안서도호부사(安西都護府使) 이선정(李善貞) 등이 천옥집(川玉集) 11판 등을 조성하였으며 또한 이성미(李成美) 등이 수서(隋書) 680판을 올렸고, 남원 부사 이정공(李靖恭)이 새로 조성한 삼례도(三禮圖) 54판과 손경자서(孫卿子書) 92판을 올려 비각(秘閣)에 두게 하였다는 「고려사」의 기록을 살펴볼 때 초조장경을 조성(彫成)한 뒤에도 고려의 목판 기술은 계속적으로 축적되고 있었음을 짐작할 수 있다. 그리고 이러한 송광사 보물급의 목판 경전을 통해 고려시대 장경각이라고 일컬어지고 있는 곳이 어떤 한정된 지역이 아니라는 것도 짐작할 수 있다.

송광사대반열반경소

보물 제90호인 이 경전의 말서(末書)에는

海東傳敎沙門義天 校勘

壽昌五年 己卯歲 高麗國 大興王寺 奉宣 彫造 將仕郎司宰丞同正 臣蔣髦書

라고 기록되어 있다.

　이로 미루어볼 때 이 대장경은 고려 숙종 4년(1099)에 문종의 제4왕자였던 의천 대각 국사에 의해 간행된 것이며 만들어진 장소는 흥왕사(興王寺)이고, 서자(書者)는 장사랑사제승동정인 장모(蔣髦)임을 알 수 있다. 이렇게 만들어진 고려 경전이 세조 때 간경도감에서 번각된 것이다.

　서자인 장모는 동정직(同正職:虛職임. 요즘식으로 말하면 임시직임)으로 의천 대각 국사의 부름을 받고 이 경전을 썼다는 것을 알 수 있다. 장사랑(將仕郎)은 문종의 관제 개혁 때 문산계(文散階) 종9품하의 품계로 제정되었다.

　「송광사대반열반경소」는 당나라의 법보(法寶)가 주석한 경전으로 담무참(曇無讖)이 역출한 북송(北宋)본이 없어 경전 자체로서도 가치 있는 것이다. 그리고 무엇보다도 흥왕사에 교장도감을 설치한 의천 대각 국사가 교감한 속장경이라는 점에서 가치가 크다. 서자와 고려속장경 그리고 서체의 연구에도 좋은 자료가 될 수 있다. 고려 장경이나 사경이 구양순(歐陽詢)체로 쓰여지는 특징을 그대로 따르고 있지만 다른 4책과 더불어 구체적인 인물에 의해 쓰여졌다는 점도 의미가 크다.

　송광사 소장의 다른 보물급 장경들과 마찬가지로 이 대장경도 조선시대 세조 때의 간경도감에서 번각했던 경전으로 원래의 글자체를 살리려고 애를 썼지만 획의 굵기가 차이가 나는 등 번간의 흔적을 남기고 있다.

송광사묘법연화경관세음보살보문품삼현원찬과문

　이 경전 역시 수창 5년 흥왕사 교장도감에서 간행했던 것을 세조 때 간경도감에서 번각한 것으로 앞의 「송광사대반열반경소」와 닮은 점이 많다. 특히 번각한 솜씨가 비슷하며 종이의 질도 같다.

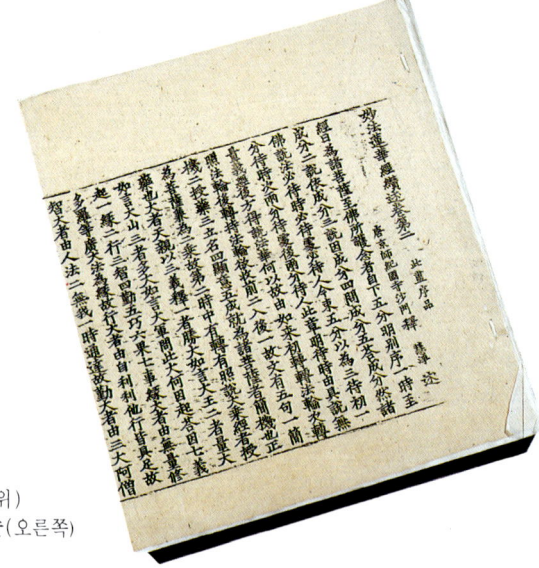

송광사대반열반경소(위)
송광사묘법연화경찬술(오른쪽)

보물 제204호로 송나라 때 사효(思孝)가 법화경관세음보살보문품의 삼현원찬(三玄圓贊)을 과문(科文)으로 작성한 것이다.

송광사대승아비달마잡론소

보물 제205호인 이 경전은 먼저 그 말서를 보면 다음과 같다.

大安九年 癸酉歲 高麗國 大興王寺 奉宣 彫造

이 말서에서 보는 바와 같이 대안 9년이라는 요의 도종 연호를 쓰고 있어 고려 선종(宣宗) 10년(1093)에 홍왕사 교장도감에서 제작되었음을 알 수 있다.

이 「대승아비달마잡론소」는 교장목록의 잡집론부(雜集論部) 소(疏) 16권 가운데에서 제13·14권의 잔권(殘卷)을 1책으로 묶은 것이다. 잔권으로서 서자(書者)를 알 수 없는 아쉬움을 주고 있다. 이것 역시 세조 때 간경도감에서 번각한 것이다. 번각한 솜씨가 비교적 정교한 편이다. 구양순체로 아주 정중하게 쓰여진 것이 특징이다.

송광사묘법연화경찬술

보물 제206호인 이 경전은 총10권 가운데에 제1권과 제2권의 잔권을 합본한 것으로 그 말서를 살펴보면 다음과 같다.

壽昌元年 乙亥歲 高麗國 大興王寺 奉宣 彫造 祕書省楷書同正 臣南宮 禮 書(제1권의 말서)

壽昌元年 乙亥歲 高麗國 大興王寺 奉宣 彫造 寫經院書者 臣柳俊樹 書(제2권의 말서)

이 말서로 봐서 서자 남궁례(南宮禮)는 비서성(祕書省)의 해서(楷書) 동정(同正)직의 인물임을 알 수 있다.

「고려사」에 의하면 성종(成宗) 9년에 양나라(남북조 시대) 무제(武帝) 때의 대학자 심은사(沈隱士, 沈約)의 2만여 권에 달하는 책을 베껴서 비서성에 두었다는 기록이 있으며, 문종(文宗) 11년 (1057)에는 비서성의 교감(校勘) 경정상(慶鼎相)이 권지직한림원 (權知直翰林院)으로 삼는 것에 대해 그의 출신이 미천하다고 하여 왕에게 이 사실을 반대하며 삭직할 것을 주청한 기록도 있다.

이로 미루어볼 때 당시 비서성에는 명문 출신의 대단한 문사들이 교감(校勘), 비서교서랑(祕書校書郎), 비서랑(祕書郎) 등으로 일하고 있었을 것임을 알 수 있다.

수창 연간인 숙종 6년(1101)에 비서성에 문적의 판본이 쌓이고 쌓였다는 기록도 있고 보면 남궁례라는 인물이 비서성에 해서동정 직으로 일했다는 사실은 그의 신분과 서자로서의 능력을 충분히 짐작할 수 있다.

또한 유사수란 인물이 사경원(寫經院)의 인물이었다는 사실도 주목할 만하다. 명종 11년(1181)에 사경원에 불이 났다는 「고려 사」의 기록은 이미 잘 알려진 사실이지만, 그 이전인 수창 원년인 고려 헌종(獻宗) 원년(1095)에 사경원의 서자(書者)가 흥왕사의 교장도감에 차출되어 온 사실로 미루어 고려 사경원 실체를 짐작하 는 데 큰 도움을 주는 중요한 자료라 아니할 수 없다.

송광사금강반야경소개현초

송광사의 보물 제207호인 이 경전은 장소(章疏) 자체가 드물다. 이 경전은 「금강경개현초」 6권 가운데에서 제4권과 제5권, 제6권의 잔존권을 합본한 것이다. 말서를 잠시 소개해 보면 다음과 같다.

壽昌四年 戊寅歲 高麗國大興王寺 奉宣雕造 將仕郎尙衣直長同正 臣王 鼎書(제4권의 말서)

壽昌四年 戊寅歲 高麗國大興王寺 奉宣 雕造 將仕郎尙舍直長同正 臣李衍書(제5권의 말서)

壽昌四年 戊寅歲 高麗國大興王寺 奉宣 彫造 將仕郎司宰主簿同正
臣李彪書

講華嚴經 興王寺 通奧大師 賜紫沙門 臣尙源 校勘

講華嚴經 佛日寺 慈應大師 賜紫沙門 臣融觀 校勘

講華嚴經 佛日寺 慧炤大師 賜紫沙門 身滋顯 校堪

天順五年 辛巳歲 朝鮮國刊經都監 奉教重修(제6권의 말서)

이 경전 역시 흥왕사의 교장도감에서 간행된 것으로 수창 4년이
란 기록으로 볼 때 「송광사대열반경소」보다 일년 빨리 제작된 것으
로 고려 숙종 3년(1098)에 간행된 것이다.

이 경전에서 가장 주목되는 것은 천순 5년(天順五年)이란 기록이
보이는 맨 아래쪽의 말서이다. 천순 5년은 조선 세조 6년(1461)
으로 이때 간경도감에서 중수(重修)된 것임을 밝히고 있어 수창
연간(고려 숙종 때) 간행된 판본들이 간경도감에서 번각된 사실을
입증해 주고 있다.

그리고 이 경전 4, 5, 6권은 왕정(王鼎), 이연(李衍), 이표(李彪)에
의해 각각 쓰여졌으며, 이들은 모두가 종9품하의 직위에 있던 관료
로서 왕정은 상의직장(尙衣直長), 이연은 상사직장(尙舍直長), 이표
는 사제주부(司宰主簿)라는 직책의 동정직으로 흥왕사 교장도감에
뽑혀 와 서자가 되었다는 사실도 앞서 「송광사대반열반경소」에서와
마찬가지로 주목할 만한 것이나. 여러 곳에서 명필들이 교장도감에
뽑혀 오지 않았나 하는 점을 짐작케 한다.

그리고 교감을 맡았던 인물들은 흥왕사에서 「화엄경」을 강의하던
통오 대사(通奧大師) 상원(尙源)과 불일사에서 「화엄경」을 강의하
던 자응 대사(慈應大師) 융관(融觀)과 혜소 대사(慧炤大師) 자현
(滋顯)이 교감했다. 이들은 자사문(紫沙門)에 사(賜)해진 큰승려들
이라는 것도 알 수 있다.

경질(經帙)

송광사의 이 경질 2매는 보물 제134호이다. '경질'이란 불경을 싸는 외포(外布)를 뜻한다.

이 경질은 바깥쪽 마포(麻布)에다 닥지를 배접시켰고 안쪽은 대나무를 가늘게 쪼개어서 비단의 색실로 엮어서 만들었는데, 상하로 삼등분하여 꽃문양을 만들고 상하 말단에는 금강저를 만들고 있다. 한쪽 끝에는 삼각으로 집을 만들고 그 끝에는 끈을 달아 묶게 만들었다. 드물게 보는 정교한 죽공예품으로 길이는 70센티미터, 폭은 34센티미터이다.

이 경질과 더불어 잠깐 언급코자 하는 것은 현재 일본 사가현립박물관(佐賀縣博物舘)에 기탁되어 있는 나베시마(鍋島) 집안 소유의 「묘법연화경(妙法蓮華經)」 7권본 한 질의 경질이다.

이 경질은 절본(折本 ; 접는 형태의 불경)형 사경(寫經)의 경질로 고려 충혜왕 원년(1340)의 작품이다. 자주, 초록, 청색, 은사를 섞어 짠 비단 경질로 국화, 당초문이 주를 이루며 국화와 당초 문양 사이에 만자(卍字)가 보인다.

안쪽은 그냥 무문(無紋) 비단으로 되어 있다. 경질의 한쪽 끝에는 비단실을 꼬아서 묶음끈을 만들고 있는데 이 묶음끈 끝에는 상아로 만든 끝장식이 있다. 이 경질은 고려 충혜왕 6년이라는 확실한 연대를 알 수 있는 경질이다.

송광사 소장의 경질은 이 사가박물관 기탁품인 「묘법연화경」 7권본 한 질의 경질과 더불어 우리나라 불교 예술품 진수를 알리는 좋은 예가 될 것이다. 사가박물관 기탁품의 경질이 절본의 사경 경질인 데 비해 송광사의 이 경질은 권본(卷本 ; 두루말이본)의 경질로 더 고식(古式)이라는 것을 알 수 있다.

경패(經牌)

이 43개의 경패들은 보물 제175호이다.

이 경패들은 앞쪽에는 경전의 이름과 권수를 나타내고 뒤쪽에는 불상을 투각 또는 감불(龕佛) 형식으로 만들고 있는데 이들 불상은 보살, 나한, 신장 등이 주를 이룬다.

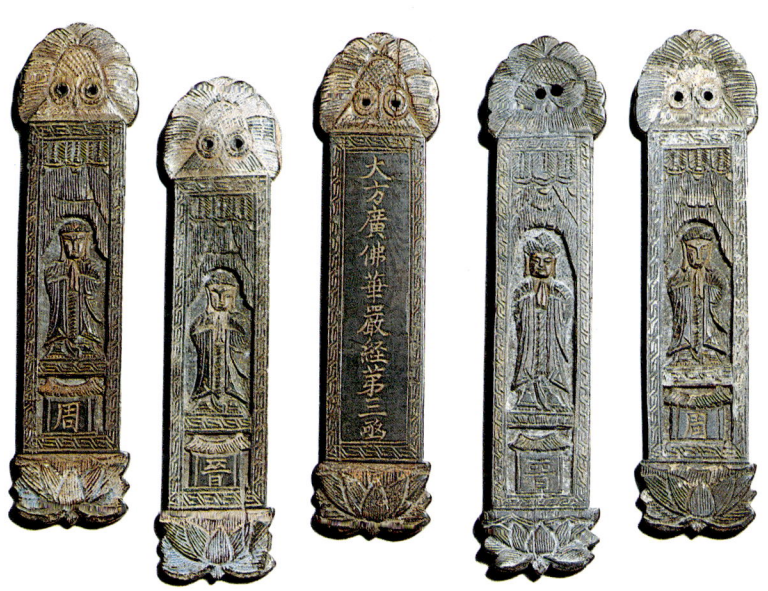

송광사 경패 송광사에 전래되고 있는 대장경을 보관하는 목함의 표면에 부착한 표지 물로서 경명(經名)을 새긴 43개의 경패들인데 보물 제175호이다.

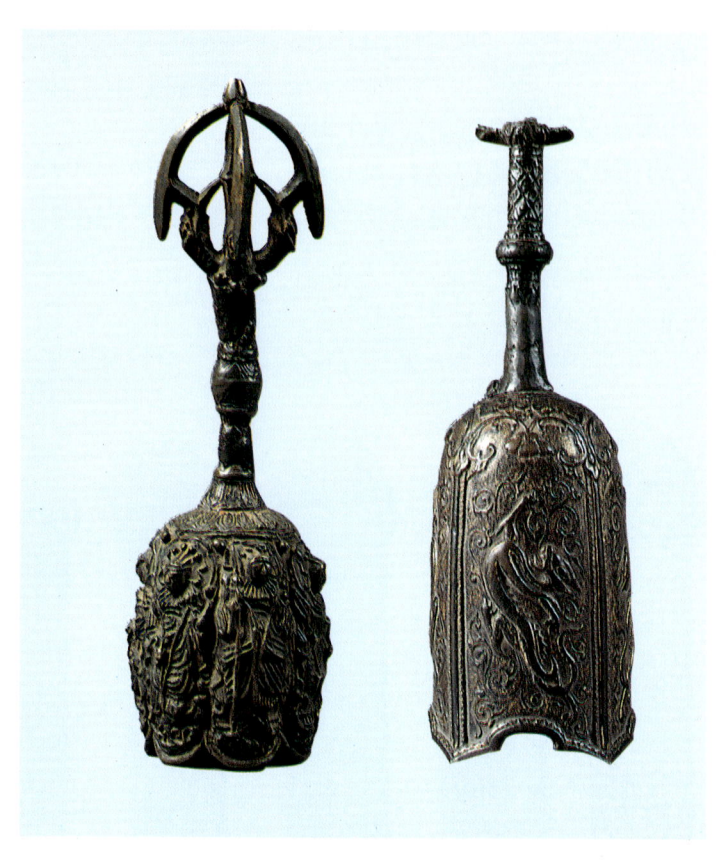

송광사 금동 금강 요령(왼쪽)
송광사 금동 요령 보물 제176호인 고려시대의 금동 요령은 몸체가 사각형으로 각
면이 거의 원형에 가까운 모양이다.(오른쪽)

불상 아래쪽으로는 '진(晋)' '주(周)' '정(貞)' 등의 글씨가 새겨져 있는데, 이들의 앞에는 「화엄경(華嚴經)」의 정식 명칭인 '대방광불화엄경 제1함(大方廣佛華嚴經 第一函)' 또는 '대방광불화엄경 제2장(大方廣佛華嚴經 第二杖)' 등이 쓰여져 있다. 그러므로 이들 화엄경이 진본(晋本), 주본(周本), 정원본(貞元本)의 권수와 권함을 밝히는 것이라고 보아야 옳을 것이다.

이 경패는 길이 15센티미터, 폭 13센티미터이며 재질은 나무로서 불경을 넣는 목함 곁에 달아 두는 표찰이다.

금동 요령

보물 제176호인 이 금동 요령은 높이가 20.6센티미터, 입술 지름(口經)이 6.6센티미터인 고려시대의 작품이다.

손잡이가 손상을 입었지만 전체적으로 빼어난 솜씨를 보여 주는 금강 요령이다. 손잡이가 붙은 위쪽은 반구형이며 바로 그 아래쪽에서부터 굵은 테선이 수직으로 내려와 요령의 면을 4등분하여, 요령의 아래쪽은 사각진 모양을 하고 있다. 그러나 각이 진 네 면은 배가 불러 원형에 가까운 형상이다.

아래쪽 구연 부분(口緣部分)은 테선이 내려온 쪽을 중심으로 삼각을 이루며 그 삼각 부분 끝에서 나시 원형으로 파여져 구연부 전체의 모양은 삼각형인 네 개의 다리와 배가 부른 면 부분은 이중으로 옴폭 파여든 것 같은 형상을 하고 있다. 이러한 구연부와 네 개의 모서리를 만드는 테선의 양쪽으로는 점원문(點元紋)의 연속 문양으로 장식하고 있고, 테선에 의해 4등분된 네 면에는 S자로 틀고 있는 용이 한 마리씩 부조되고 있다. 용은 저부조의 비운(飛雲) 사이에 돌출되어 있는 형상이다.

이 용의 위쪽 반구형의 손잡이 아래쪽에는 연당초(蓮唐草) 문양이 장식되고 있는데 연화는 용의 위쪽에서 아래로 드리워진 형상을 하고 있다. 손잡이는 중간에 마디가 있는데 이 마디 위아래쪽 면에는 사격자(斜格字) 문양이 장식되어 있다.

용을 양각한 솜씨나 위쪽의 연당초 문양은 그 조각 솜씨가 뛰어나다. 특히 연당초 문양의 솜씨가 고려 후대 사경 표지화(寫經表紙畵)에서 보여 주는 특징과 틀리며 오히려 호암미술관 소장의 통일신라의 사경 표지화 쪽에 더 가까운 인상을 주고 있어 고려 초기 요령이라고 보아야 할 것 같다.

송광사 자체에서도 이 요령의 전래 과정을 확실히 알지 못하고 있다. 이 금동 요령은 형태미나 부조 솜씨, 주조 솜씨 모두가 뛰어나다. 앞서도 말한 바와 같이 손잡이 위쪽이 파손되지 않았다면 그 가치는 더 크게 인정받았을 것으로 본다.

탱화(幀畵)

16국사 탱화

16국사 탱화는 말할 것도 없이 국사전의 동벽, 남벽, 북벽에 초상화로서 그려진 16국사의 영정 16폭을 의미한다. 이들 16국사탱은 청(淸) 건륭(乾隆) 45년이라는 연기가 있어 조선 정조(正祖) 4년(1780)에 그려진 작품이라는 것을 알 수 있다.

정면 주벽(主壁)에 11위(位), 남벽에 3위, 북벽에 2위가 배치되어 있다. 주벽 중앙에 보조 국사탱(普照國師幀)이 그려져 있고 이 보조 국사탱을 중심으로 향좌(向左; 우리가 보는 쪽에서 왼쪽)에는 제2세 진각 국사탱(眞覺國師幀)이, 향우(向右; 우리가 보는 쪽에서 오른쪽)에는 제3세 청진 국사탱(淸眞國師幀)이 배치되는 구도를

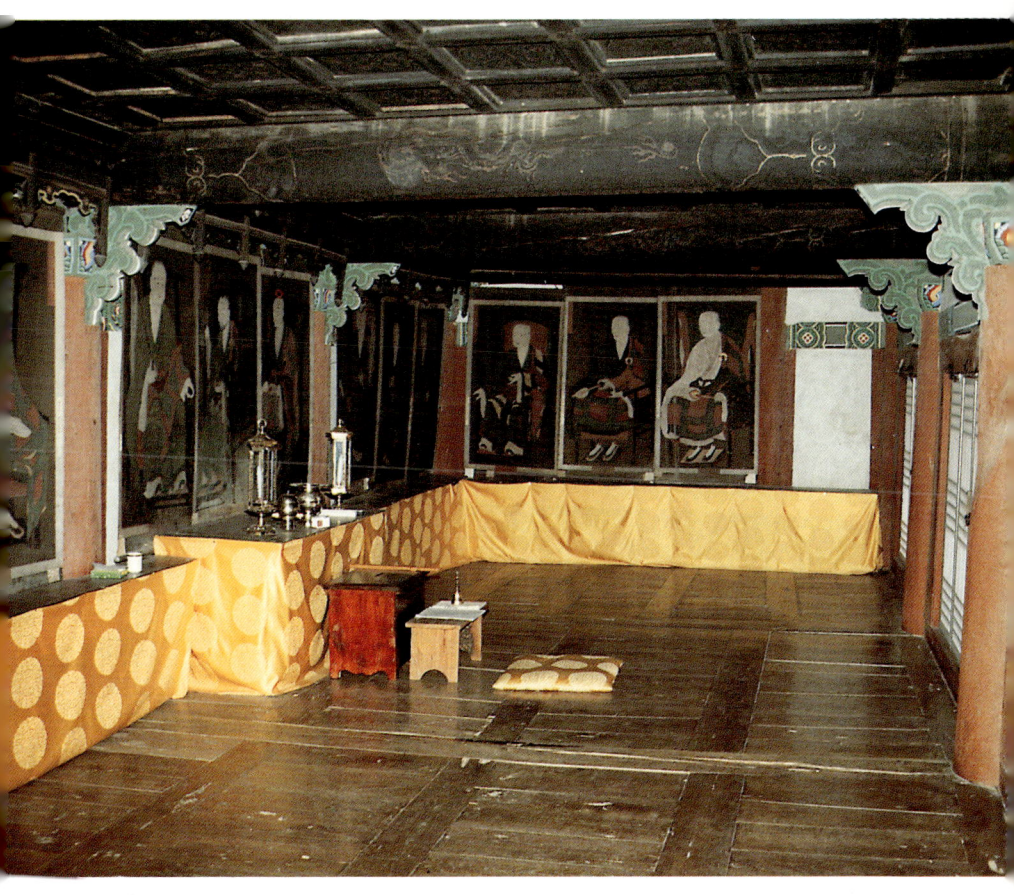

국사전 내부의 16국사 탱화 송광사가 배출해 낸 나라를 빛낸 고승들 곧 보조 국사를
비롯한 16국사의 영정 16폭이 국사전에 봉안되어 있다.

하고 있다. 제6세 원감 국사탱(圓鑑國師幀)과 제7세 자정 국사탱(慈靜國師幀)이 탱명(幀名)이 뒤바뀌어 먹으로 각각 오른쪽에 고쳐 쓰고 있을 뿐 16위가 질서 정연하게 양쪽으로 각각 나뉘어 있다.

그리고 중앙의 보조 국사탱을 중심으로 오른쪽에 배치된 존상들은 모두 왼쪽을 향하고 있고 왼쪽에 배치된 존상들은 모두 오른쪽을 향하고 있다. 이것은 다른 존상들이 보조 국사를 향하게 배치하고자 하는 의도로 그려졌다고 보아야 옳을 것이다.

이들은 모두가 의자에 좌정한 모습으로 삭발을 하고 장삼(長衫)에 가사를 걸치고 있는 모습인데, 고려 국사가 아닌 고봉 화상탱(高峯和尙幀)만이 머리를 기른 형상이다. 이는 15국사와 구별하기 위해 의도적으로 그린 것으로 보인다.

이러한 양식은 송대(宋代) 선종(禪宗)계의 고승 초상화(高僧肖像畫)의 양식이었으며, 이와 같은 양식적 특징은 조선조 선비들의 초상화에도 많은 영향을 주었다고 본다. 우리의 일상 생활이 의자 생활이 아님에도 불구하고 조선조의 선비 초상화들이 의자에 좌정하고 있는 형식으로 그려지는 게 바로 그 한 예이다.

화법은 철선묘(鐵線猫; 철사와 같이 굳은 것으로 선을 그은 듯 시작과 끝이 같은 굵기로 그어진 딱딱한 묘선을 의미함)를 주로 사용하고 있다. 얼굴 등의 전체 윤곽선은 물론 옷주름도 거의가 이 철선묘를 사용하고 있다. 또한 얼굴과 의상은 농담(濃淡)법으로 처리하고 있다.

이러한 특징 때문에 초상화의 전체적인 분위기는 사실적인 특징이 사라지고 오히려 관념적 성격이 강하게 나타나고 있다. 이와 같은 특징 때문에 16국사탱은 정신력을 실감케 해준다.

안면의 표현 기법은 입이 작고, 끝이 처지고 성근 터럭으로 표현된 눈썹 등에서 그 특징을 보여 주는데, 모두가 이러한 형상으로 그려져 오히려 개성적이지 못하다. 다만 의상의 색깔, 손에 든 지물

(持物)과 신체의 비수(肥瘦 ; 살이 찌고 마름) 등의 차이로써 인물이 구별되는 정도이다.

색채는 농채를 사용하고 있는데 의상은 녹(綠), 자(紫), 황(黃), 녹갈(綠褐)이 주조를 이루고 검은색, 흰색, 금색이 강조색으로 쓰여지고 있다. 피부색은 연지육색(燕脂肉色)으로 통일되고 있다.

신발은 자세에 따라 방향이 정해져 있는데 경우에 따라서는 족대(足台) 위에 올려 놓은 경우도 있다. 장삼에는 연당초문(蓮唐草紋), 권운문(卷雲紋), 보상화문(寶相華紋), 목단당초문(牧丹唐草紋) 등이 수놓아져 있는 형상으로 그려져 있다.

이러한 16국사탱은 조선 회화가 한창 진경산수화, 풍속도 등이 그려지면서 한국화(韓國化) 과정이 진행되던 영·정조 시기의 작품이라는 점에서 한국 불화 양식과 초상화 양식을 가늠하는 데 좋은 자료라 할 수 있다(이들 탱화중 13점은 1995년에 절도 당함).

지눌 보조 국사탱

16국사탱 가운데에서 지눌 보조 국사탱만을 따로이 상술하고자 함은 조계산 송광사가 보조 국사에 의해 개창되었을 뿐만 아니라, 국보 제56호로 지정된 국사전의 주존(主尊)으로 의미가 크고 또한 이 보조 국사탱을 상술함으로써 다른 존상들의 형태도 짐작할 수 있을 것으로 보기 때문이다.

보조 국사탱은 오른쪽으로 향해 향장(香杖)을 싶고 약간을 구부정한 모습으로 고개를 숙이고 의자에 앉아 있는 모습으로 그려져 있다.

삭발한 두상에 눈썹과 수염이 성글게 그려지고 있다. 특히 성글고 긴 수염은 다른 국사탱들에 비해 그 성격을 보다 개성적으로 보이게 하며, 이러한 특징 때문에 내면적 깊이가 아주 두드러지게 나타나고 있다.

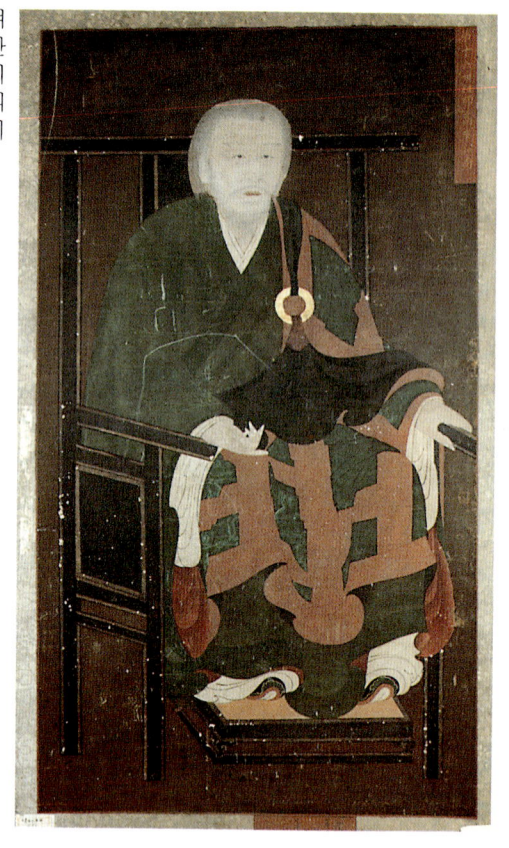

고봉 화상 진영 국사전에 모셔져 있는 16국사탱 가운데 특이한 모습인 고봉 화상 진영은 고려시대의 15국사와는 달리 조선시대의 국사로서 머리가 긴 것이 눈에 띈다.

의상은 장삼 위에 가사를 걸치고 있는데 장삼 안으로 동정이 보이며 팔 끝에도 흰색을 칠하고 있어 장삼 속에 중단(中單)과 같은 내포(內袍)를 입고 있다는 것을 짐작케 한다.

장삼은 표면이 암녹색이며 안은 엷은 자주색이다. 이 장삼 위에 두른 가사는 자주색의 조(條; 가사의 바탕을 이루는 장방형의 조각을 말함)는 무문(無紋)이며 엽(葉; 조를 이어 주는 길고 좁은 조각을 말함)은 녹색이다. 가사의 안은 곤색으로 표현되고 있다.

가사의 사각에는 천왕(天王)이라고 수를 놓은 사천왕(四天王)이 보인다. 뿐만 아니라 이 가사에는 환구(鐶鉤)라고 하는 가사를 매는 고리도 보인다.

장삼의 옷띠는 홍색(紅色)이다. 다른 국사탱들과는 달리 옆에다 전혀 문양을 장식하지 않음으로써 관능적 생활을 멀리하며 항상 자유 자재하려 했던 지눌 보조 국사의 이미지를 분명히 하려 했다. 현재 이 보조 국사탱은 향연(香煙)에 그을려 어둡게 퇴색해 있지만 처음에는 농채로 선명히 그려졌을 것임을 짐작할 수 있다.

참고 문헌

임석진 「대승선종조계산송광사지」불일출판사, 1965.

한국불교연구원 「송광사」한국의 사찰6, 일지사, 1984.

현호 「승보종찰 조계총림 송광사」불일출판사.

김용덕 「효봉선사」근대인물한국사 312, 동아일보사, 1992.

법정 「달이 일천강에 비치리」불일출판사.

구산 선사 법어집 「석사자」불일출판사, 1980.

강건기 「마음 닦는 길」불일출판사, 1990.

문화재관리국 문화재연구소 「한국의 고건축」한국건축사연구자료 2,
1980.

서치상 '순천 송광사의 복원에 관한 연구' 부산대학교 석사논문, 1983.

안영배 「한국 건축의 외부 공간」

권희경 「高麗의 寫經」미진사, 1986.

최순우·정양모 공저 「韓國의 佛敎繪畵」국립박물관특별조사보고 제2책.

菅野銀入 '高麗曹溪山松廣寺十六國師の繼承に就て'「청구학보」제9호.

허광식 '고려시대의 국사 왕사제도와 그 기능'「역사학보」제67집.

河村道器 '大覺國師集の異版に就て'「청구학보」제4호.

윤용태 '고려국신조대장교장별록에 대하여'「역사과학」, 1990.

김자연 '팔만대장경의 출파문화적 가치'「역사과학」, 1985.

「문화재대관」한국문화재보호협회, 1977.

「국보」(9, 10, 23, 24책), 예경출판사, 1986.

「高麗史」

사찰 소장 지정 문화재 목록

종류	지정 번호	명칭	수량 및 기타
國寶	42	木彫三尊佛龕	1座
	43	高麗高宗御製書	1軸
	56	松廣寺國師殿	1棟
寶物	90	松廣寺大般涅槃經疏	1冊
	134	經帙	2枚
	175	松廣寺經牌	43個
	176	松廣寺金銅搖鈴	1個
	204	松廣寺妙法蓮華經觀世音菩薩普門品三玄圓贊科文	1冊
	205	松廣寺大乘阿毘達磨雜集論疏	1冊
	206	松廣寺妙法蓮華經纘述	1冊
	207	松廣寺金剛般若經疏開玄鈔	1冊
	263	松廣寺下舍堂	1棟
	302	松廣寺藥師殿	1棟
	303	松廣寺靈山殿	1棟
	572	松廣寺高麗文書	2軸
		（1）修禪社形止記	
		（2）奴婢帖	
	1043	松廣寺十六祖師眞影	16幅
名勝	5	昇州松廣寺仙岩寺一圓	22,188,618㎡ 승주군 승주읍 죽학 리 산 48 외
天然記念物	88	松廣寺의 곱향나무(雙香樹)	2株, 1,983㎡
有形文化財	18	慈靜國師舍利凾	1個
	19	能見難思	1着
	22	松廣寺金剛杵	1個
	28	高峰國師廚子願佛	1軀
	30	八恩巴文字	1枚
	59	松廣寺三淸橋 및 羽化閣	1基 1棟
	91	松廣寺普照國師碑	1基
	97	松廣寺眞影堂	1棟
記念物	31	松廣寺黑土器瓦·塼陶窯址	一圓
文化財資料	43	松廣寺	一圓
	47	林慶業將軍碑閣	1棟

Songgwangsa

Songgwangsa, a leading monastic temple of the Chogye sect of Korean Buddhism, is on a slope of Mt. Chogyesan in Shinp'yŏ ng-ri, Songgwang-myŏn, Sŭngju-gun, Chŏllanam-do Province, It is a historic institute venerated as one of the three temples that represent *triratna*, the three treasures of Buddhism, which are the Buddha, Buddhist teachings, and the fellowship of monks.

The temple was originally named Kilsangsa. It fell into disuse until Monk Chinul(National Preceptor Pojo; 1158~1210) made it the site of his Chŏnghye kyŏlsa (*Samadhi* and *Prajna* Comm-unity). Chŏnghye kyŏlsa, which was initiated by Chinul, was Korea's first systematic Buddhist movement for a religious society to pursue a purely religious life and thus reform the corrupt Buddhist church of koryŏ. The community was first based at Kojosa Temple on Mt. P'algongsan and was later moved to a hermitage in Mt. Chirisan called Sangmujuam. It was moved to Kilsangsa in 1200, at which time the name of the temple was changed to Susŏnsa. The name was changed eventually to Son-ggwangsa, a derivative of the name of the mountain at that time.

After Chinul, the National Preceptor Pojo, died in 1210, his teachings were perpetuated by succeeding abbots who were instrumental in developing the temple into the veritable center of Korean meditative Buddhism that is known as sŏn. Songgw-angsa produced 15 more national preceptors including Chin-gak kuksa and became known as the temple of *Samgha*, or fellowship of buddhist monks.

The temple has been reconstructed and expanded over eight times. The most ambitious renovation was undertaken by Monk Kobong, the 16th national preceptor, during the Chosŏn period.

Songgwangsa abounds with cultural relics including such national treasures as a wooden Buddhist triptych and a royal warrant written by king kojong of koryŏ awarding Monk Hyegam (Chin-gak kuksa) the title of Great Sŏn Master.

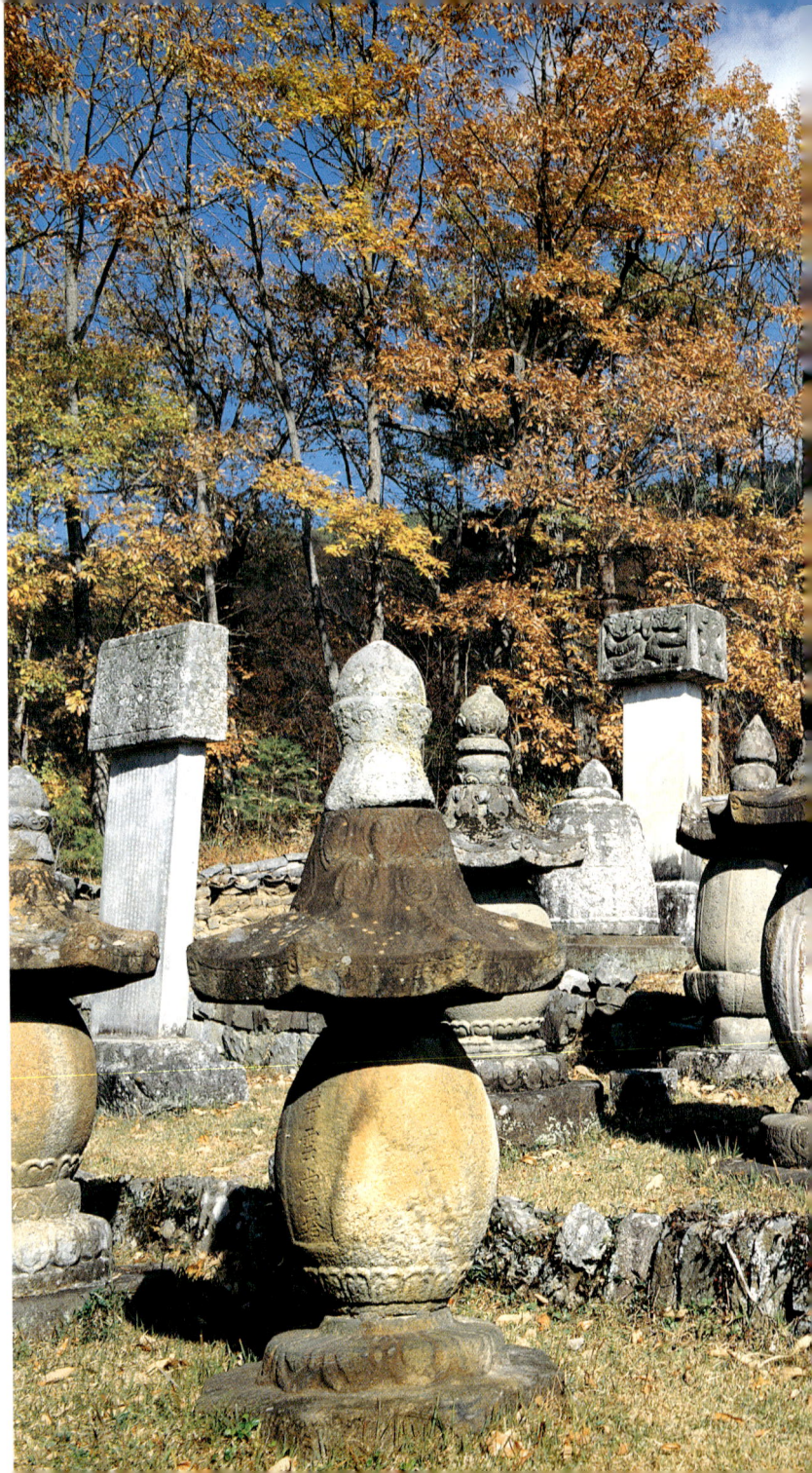

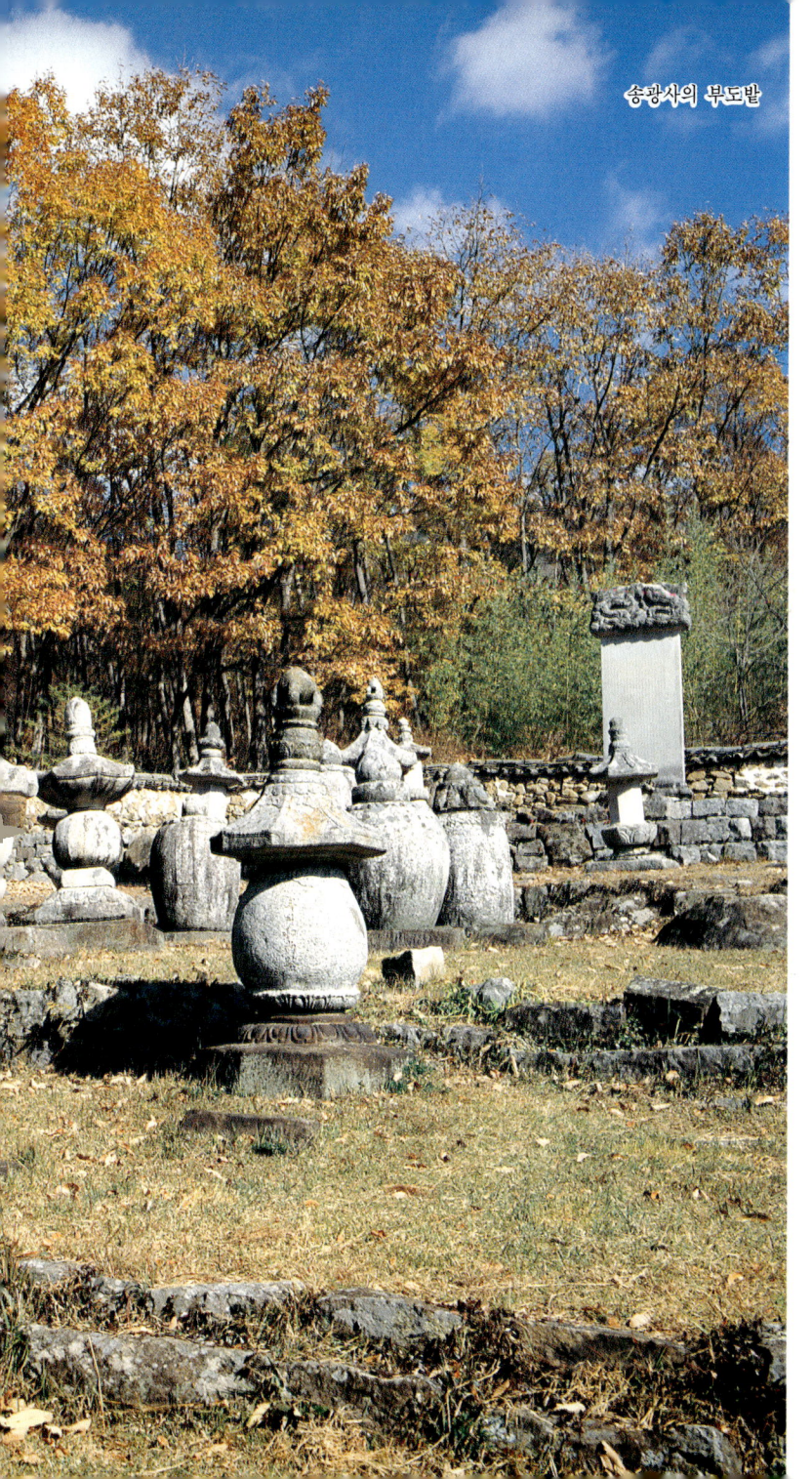
송광사의 부도밭

빛깔있는 책들 103-31

송광사

글	―강건기, 김성우, 권희경
사진	―김종섭, 김성우, 안장헌

발행인	―장세우
발행처	―주식회사 대원사

편집	―김한주, 이혜승, 조은정, 황인원
미술	―윤봉희
전산사식	―김정숙, 이규헌, 육세림

첫판 1쇄 ―1994년 1월 10일 발행
첫판 7쇄 ―2004년 12월 30일 발행

주식회사 대원사
우편번호/140-901
서울 용산구 후암동 358-17
전화번호/(02) 757-6717~9
팩시밀리/(02) 775-8043
등록번호/제 3-191호
http://www.daewonsa.co.kr

(범) 값 13,000원

Daewonsa Publishing Co., Ltd.
Printed in Korea(1994)

ISBN 89-369-0150-8 00220

빛깔있는 책들